ラクに楽しく1時間

中学道徳
ラクイチ
授業プラン

ラクイチ授業研究会 編

G学事出版

まえがき

　「ラクに楽しく１時間」をコンセプトにした「ラクイチ授業プラン」シリーズ。中学国語、中学社会、中学英語、小学校編に続いて、中学道徳編をお届けできることになりました。

　「ラクイチ授業プラン」の条件は以下の３つです。

1	１時間で完結する
2	準備に時間がかからない
3	誰でも実践できる

　本書では、このコンセプトをふまえつつ、道徳の授業として楽しく深く考えられる、そういうプランを目指しました。決まった正解のないテーマについて、問い、語り合い、共に考えることの楽しさを存分に味わえるように、ということです。また、生徒たちがそれぞれの考え方や感じ方の違いを楽しめる時間になるよう、心がけました。教師も生徒も一緒になって、ワクワクしながら考えられる授業プランになっていると思います。

　本書の構成は、次のようになっています。第１章は、ワークシートだけでできる授業プラン。そのままの形ですぐに授業ができますので、指導計画に組み込むのも簡単です。第２章は、様々な素材を道徳の教材として用いる授業プラン。この章は、先生方が見つけた面白い素材を、道徳の教材として生かすヒントにもなるはずです。第３章は、教科書の教材を使った授業プラン。本書では、特定の教科書教材を前提にした授業案ではなく、いろいろな教科書の教材に当てはめて使えるプランを掲載していますので、学校でお使いの教科書と組み合わせて授業を作ることができます。そして第４章は、ふりかえりの授業プラン。学びを前向きにふりかえる活動は、生徒たちのモチベーションにつながるはずです。

　本書には、中学道徳の22の内容項目すべてに該当する授業プランを掲載しています。扱うのが難しいと感じた内容項目があるときは、ぜひ142ページの一覧表から該当の授業プランをお探しいただき、ヒントとしてお役立てください。また、巻末には、道徳におすすめの学習活動、よくある悩みに関するＱ＆Ａ、おすすめ教材のリストも掲載しています。さらに、すべての授業プランのワークシートは、学事出版のホームページからデータをダウンロードして、編集して活用することもできます。先生方の個性とアイデアを生かした楽しい道徳授業のために、この本を材料にして、たくさんのアレンジを加えていただけたら、私たちとしてもこんなに嬉しいことはありません。

　この本は、深く楽しい道徳に取り組みたい先生のお手元に置いていただくことはもちろん、職員室で共有して、年間指導計画を立てるとき、学年で新しい授業にチャレンジするとき、各先生の取り組みを共有するときなど、様々な場面で活用していただくことができます。本書の授業プランを眺めながら、それぞれの先生、それぞれの学校の、楽しい道徳授業を構想していただけたら幸いです。

ラクイチ授業研究会　道徳科代表　神戸　和佳子

本書の使い方

タイトル **リード**

授業の概要とねらい

自分の個性に自信を持ち、自尊感情を育む

② ポジティブな言い方に変えてみよう

【A　向上心、個性の伸長】

該当する内容項目（1章・2章のみ）

章

ページ

第1章

14

　自分の中では短所と思える部分（性格など）を、ポジティブな表現で言い換えます。またクラスメイトからポジティブな言葉をもらうことで、自分の個性に自信を持ち、自尊感情や向上心を養います。このことは、よりよい学級集団づくりにもつながります。

| 準備するもの | 教師：ワークシート |

準備するもの：
ワークシートは右ページを印刷して使うか、ダウンロードして使ってください

タイムライン：
50分の授業の流れを示しています
目安にしてください

活動内容：
生徒の活動を示しています

👤…生徒個人で行う活動

👥…ペアで行う活動

👥👥…グループで行う活動

00分　教師の説明を受け、ワークシート1に取り組む

▶まずはじめにネガティブな言葉をポジティブな言葉に言い換えてみましょう

　　どういうことですか？

10分　答えを共有する

▶「安物」だったら「リーズナブル」、「古い」だったら「伝統がある」のようにして、ポジティブな表現に言い換えます

▶褒める、励ますとは、相手に共感すること、相手への理解を示すことです。ポジティブな褒め言葉をたくさんストックしておきましょう

20分　自分の短所をポジティブな言い方に変えてみる（ワークシート2①と②）

▶自分では短所と思える部分（性格など）を、同じようにポジティブな言葉で言い換えてみましょう

30分　まわりの人からポジティブな言葉をもらう（ワークシート2③）

▶グループの中でワークシートを交換して、お互いの短所をポジティブな言葉で言い換え合ってみましょう

　　そういうふうに言われるとうれしいな

45分　ワークシート3の回答やふりかえりを書く

50分

▶感想やふりかえりを記しましょう

教師の声かけ例を示しています
吹き出しは生徒の発言例です

先生方へ：
授業を行う上での注意点や展開例、評価のポイントをまとめています

| 先生方へ |

　ダウンロード版のプリントにはワークシート1の言い換え例を載せています。言い回し一つで自分の個性に自信を持てるようになり、そのことが人間関係の円滑化にもつながることに気づくように促します。ワークシートを通して、生徒がどれだけ自分の個性をポジティブに受け止められるようになったかを見取り、評価につなげます。

●参考文献・先行実践
　担任学研究会「高等学校 調査書・推薦書 記入文例＆指導例」（学事出版、2020年）

参考文献・先行実践

中学道徳 ラクイチ授業プラン ―もくじ―

3章

教科書はこんなに使える

83

4章

ラクに楽しくふりかえる

109

序章

"ラク"で"楽しい"道徳の授業？

　ラクに楽しく1時間、通称「ラクイチ」シリーズの「中学道徳」編を手に取っていただき、どうもありがとうございます！なるべく準備に時間をかけず、誰でも簡単に実践できる "ラク"で "楽しい" 1時間完結型の授業プランを提案するのが、私たちの「ラクイチ」シリーズです。

　えっ！ちょっと待って！そのコンセプトは「道徳」には合わないんじゃないかな？「道徳」は子どもの人格形成に関わる授業なんだから、そんな片手間みたいな扱い方じゃダメで、もっと真剣に取り組まないと！そもそも、人の道を説く教科の授業に、"ラク"で "楽しい" みたいなチャラチャラした要素は必要ないのでは？──こんな戸惑いやお叱りの声が、さっそくほうぼうから聞こえてくるかもしれません。

　そこで、私たちの自慢の授業プランをすぐに見ていただきたい気持ちをグッとこらえて、まずは本書の基本的なスタンスを説明させてください。

道徳の授業は "ラク" でもいい！

　「ラクイチ」シリーズにおける "ラク" は、手抜きという意味ではありません。道徳なんてどうせ進学にも関係ないんだから、授業のネタをパパっと探して1時間適当にしのげばいいや──本書がこういう発想とは真逆の姿勢で作られていることは、ここから先の授業プランをパラパラと眺めるだけでもわかっていただけると思います。本書は、先生も生徒も一緒になって "楽しく" 考えを深める道徳の授業を、どんな先生でも手軽に行ってもらえるようにするための本です。道徳は子どもの人格に関わる大事な科目であるからこそ、準備に関わる負担をできるだけ減らすことで、先生方が生徒の心ときちんと向き合うお手伝いをしたいと、私たちは考えているのです。

　そもそも「道徳」には、専門の免許状がありません。「数学」「国語」などとは違って、道徳が専門という教師は基本的には存在しないのです。このため、多くの先生にとって道徳は、「どうやって授業すればいいんだろう？」という戸惑いと不安感を抱きながら、手探りで授業を進めていく中で少しずつやり方を身につけていく科目になっています。それならば、経験の浅い先生のためにも、特別なテクニックがなくても手軽に使える授業プランの例を示すことは、そうした先生が道徳の授業にきちんと取り組むために必要なことだと私たちは考えます。

　また、本書に収録されている授業プランの多くは、アクティブ・ラーニングの手法を取り入れたものです。後で詳しく見るように、現在の道徳教育において求められているのは、子どもたちが主体的かつアクティブに道徳の問題について「考え、議論する」授業なのです。「アクティブ・ラーニング」という言葉を聞くと、思わず「難しそう」「準備が大変そう」「負担が大きそう」と身構えてしまう先生はまだまだ多いと思います。そこで本書では、先生方に "ラク" な気持ちでアクティブ・ラーニングに取り組んでほしいという気持ちから、準備に時間がかからないアクティブ・ラーニング型の授業プランを豊富に収録しました。

　さらに言うと、授業内で子どもたちが本当の意味で主体的に活動するためには、先生自身が積

極的に "ラク" をする（＝教師の活動時間を減らす）ことが必要だと私たちは考えています。子どもたちに活動の時間をたっぷり与え、授業を管理する「手綱」も自ら意識的に緩めることで、子どもたちの自由に考えて発言する権利を十分に尊重したいと私たちは考えているのです。

道徳の授業は "楽しく" てもいい！

人によっては、"楽しい" 道徳の授業という言い方に違和感を覚えるかもしれません。「人間としての生き方」や「よりよい生」に関わる道徳の問題は、基本的には重く深刻であることが多いので、それらを軽々しく扱ったり "楽しく" 話し合ったりすることは不謹慎で失礼なことのように感じられるからです。

もちろん私たちも、"楽しい" 道徳の授業ということで、ただみんなでわいわいおもしろく活動したり、ふざけて冗談を言い合うような話し合いをしたりしたいわけではありません。道徳の問題の多くが深刻なテーマに関わるものであり、かつ答えが一つに決まるわけでもない本物の難問であるからこそ、それについて生徒も教師も一緒になってうんうんと真剣に考えてみたい、お互いに意見を交換し合って考えを深めていきたい、そしてそのプロセスこそが "楽しい" と、私たちは考えているのです。

一度体験するとよくわかりますが、一つの物事をみんなで話をしながら一緒に考えるというのは、非常に楽しいものです。色々な人の考えを聞き、自分とは全然違うたくさんの考えがあるということを知るだけでも、実はとても楽しくて、みんなは他の問題についてもどう考えているんだろうと、もっと知りたくなります（学校で話し合いの授業をすると、生徒から出てくる感想で一番多いのは決まって「色んな考えを知ることができて楽しかった！」です）。また、人によって引っかかるポイントは違うので、「自分ではまったく気づかなかったけど、こんなところにも疑問や問題はあるんだ！」「私は何とも思わないけど、こういう点に感動したり嫌な思いをしたりする人もいるんだ！」ということに気づかされ、驚かされることもよくあります。そのような体験や、自分にはとても思いつかなかった新しい考え方への出会いを通して、これまでの自分の考えや常識がガラガラと音を立てて崩れていったり、自分が本当に大事にしていることが何であるかに気づいたりするのです。このようにして自分自身の殻を破り、本当の自分に出会うことこそが人間の人格的な成長であると言えますが、これも広い意味では "楽しい" ことですよ！と私たちは提案してみたいのです。

教科書を "楽しく" 使ったっていいし、評価を "楽しく" 行ったっていい！

2015年に当時の学習指導要領の一部が改訂され、小中学校における「道徳」が「特別の教科 道徳」（以下、「道徳科」）になりました。新設された道徳科は、小学校では2018年度から、中学校では2019年度から全面実施されています。本書を手に取っている先生方の多くも、すでにご自身で新しい道徳科の授業を行っていて、慣れない仕組みの中で試行錯誤されている最中なのではないでしょうか。

道徳が教科になったことで、これまでと大きく変わった点が二つあります。道徳科でも他教科と同じく「検定教科書」が使われるようになったことと、「評価」が行われるようになったことです。本書では、先生方からまだまだ戸惑いの声を聞くことの多い「教科書の使い方」と「評価

のやり方」についても、「ラクイチ」シリーズのコンセプトに沿った提案を行っています。

　教科書（第3章）については、これまで一般的であった「まず本文全体を読んで、次に教師の発問に答えながら理解を深めて……」という使い方に必ずしもとらわれずに、道徳科の教科書の魅力をもっともっと引き出す授業づくりにチャレンジしています。たとえば、教科書の主人公の人生を4コマ漫画でまとめたり（「33　偉人4コマ漫画」）、内面の葛藤に苦しんでいる登場人物にアドバイスしたり（「38　悩む登場人物にアドバイス」）、描かれている対立をみんなで話し合って乗り越えることを試みたり（「43　どこまでなら譲れる？」）するような授業プランを収録しています。教科書をもっとアクティブに"楽しく"使うにはどうすればよいか、また、それが単に生徒を「動き回らせるだけ」の活動に終始するのではなく、活動を通して生徒一人ひとりが自らの内面を見つめ直し、道徳的な価値と向き合えるようにするにはどうすればよいか──多くの先生が直面するこうした悩みに対して、本書は「ラクイチ」なりのアプローチで答えることを試みています。

　評価（第4章）についても基本的に同じ発想で、「評価」という活動自体をよりアクティブに、より生徒主体で、より"楽しく"行うためにはどうしたらいいかを考え、そのための具体的な方法を提案しています。こちらはコラム④で詳しく紹介していますので、併せてご覧ください。

「考え、議論する」って楽しい！

　そもそも道徳が「特別の教科」になったのは、それまでの道徳教育では子どもたちが自ら考えたり議論したりする機会を必ずしも十分に作れておらず、結果的に形式的な指導に陥っていたことへの反省に基づくものでした。中央教育審議会が2014年に行った答申『道徳に係る教育課程の改善等について』では、従来の道徳の授業について、「読み物の登場人物の心情理解のみに偏った形式的な指導が行われる例」や「発達の段階などを十分に踏まえず、児童生徒に望ましいと思われる分かりきったことを言わせたり書かせたりする授業になっている例」などが批判的に取り上げられました。その上で同答申は、「特定の価値観を押し付けたり、主体性をもたず言われるままに行動するよう指導したりすることは、道徳教育が目指す方向の対極にある」とした上で、「むしろ、多様な価値観の、時に対立がある場合を含めて、誠実にそれらの価値に向き合い、道徳としての問題を考え続ける姿勢こそ道徳教育で養うべき基本的資質である」という考え方を示しました。そして、この答申の理念を踏まえて掲げられたのが、道徳の指導法を「答えが一つではない道徳的な課題を一人一人の生徒が自分自身の問題と捉え、向き合う『考える道徳』、『議論する道徳』へと転換を図る」という基本方針なのです（学習指導要領解説）。これがいわゆる「考え、議論する道徳」と呼ばれるもので、現行の学習指導要領の目玉の一つとなっているものです。

　以上のことからわかるように、価値に関わる道徳の問題に「一つだけの正解」が存在しないことは、学習指導要領の観点においても明確に認められています。したがって、教師や大人が自分たちの信じる「一つの正解」を子どもたちに教える（押しつける）ことは道徳科で求められていることではないということを、ここで改めて強調しておきたいと思います。むしろ、道徳の問題にはそれぞれの価値観に応じて様々な答えがあることや、ときにはそれぞれの答えが対立することなども前提にした上で、「そうした相違や対立にも誠実に向き合って、子どもたちも教師も一緒になって考え議論していきましょう！」と、学習指導要領は呼びかけているのです。だとする

とこの提案は、アクティブで“楽しい”道徳の授業づくりを提唱する本書のコンセプトともピタリと一致すると、私たちは考えています。

　道徳的な問題を巡って、みんなでああでもない、こうでもないと考える。ときには笑い合いながら、ときにはうんうん頭をひねりながら、みんなで一緒に議論する時間を作る。そのことによって子どもたちは、一つの答えが簡単には見つからない問題についても、一生懸命考えたり感じたりすることは「大事なこと」だと学んでいきます。道徳科の授業を通して、「考えるって“楽しい”！」「みんなで議論するって“おもしろい”！」と心から思える瞬間を地道に積み重ねることではじめて、道徳的な問題をねばり強く「考え続ける」ことには意味があると、子どもたちは実感を伴って理解できるようになるのです。したがって、道徳科の授業の中で対話や議論を行うことは、内容項目の理解を深めるための単なる「手段」に留まるものではありません。答えの見えない問題について対話や議論を行い、みんなで思考を深めることを“楽しむ”ことは、道徳教育で養うべき基本的資質である「道徳としての問題を考え続ける姿勢」を涵養することに直接貢献するという意味で、それ自体が道徳教育の「目的」でもあるのです。

　道徳的な問題を一人でぐるぐると考えるのは、大人にとってもしんどいことです。その上、いくら考えても一つの答えにたどり着けないのだとしたら、そんなことに頭を使うのは時間の無駄、だから道徳の授業なんて適当にやり過ごせばいいや——子どもたちがこのように考えてしまうのは無理もないことです。この壁を突破できるのは対話や議論を取り入れたアクティブな学びしかない、と私たちは考えています。自分以外の考え方や価値観を知ったり、みんなで協力しあって一つの問いを深めたりして、心の底から“楽しい”と思える体験をすることが、道徳的な問題に真剣に向き合おうとする最大の動機になると私たちは信じているのです。

　ここまで読んでいただけたら、本書が提案する「“ラク”で“楽しい”道徳の授業」というのがどんなものか、なんとなくイメージを掴んでいただけたのではないでしょうか。それではいよいよ、本書を思う存分めくっていただき、「こんなに“ラク”で“楽しい”授業ならすぐにでもやってみたい！」と思う道徳の授業プランにぜひ巡り合っていただきたいと思います！

（土屋陽介）

道徳授業のキホン

学習指導要領は、学校教育において最低限扱わなければならない内容を定めています。それぞれの教科において、学年や分野ごとに目標や教えるべき内容が示されていて、それに基づいて検定教科書は作成されています。「特別の教科」である道徳科においてもこの点は同じで、道徳の授業において最低限取り扱わなければならない内容（テーマ）が学習指導要領において定められています。具体的には、別表（142ページを参照）の22の項目が、中学校の道徳科で扱われる内容項目です。

学習指導要領は、これらの内容項目を「各学年において全て取り上げること」を定めています。つまり、1年間の授業時間の中で22個の内容項目をすべて扱い、それを3年間繰り返すことが、中学校の道徳科の運営において求められていることです。このため、内容項目の取りこぼしを防ぐために、学校は年度当初に道徳科の年間指導計画を作成する必要があります。

以上が、道徳科の授業運営について学習指導要領が課している最低限の制約です。したがって、この枠組の中で授業を行っていくことが、中学校の道徳授業のキホンと言えるでしょう。

❖道徳の授業は実はこんなに自由に作れる！

以上のように述べると、なんだか少し窮屈に感じますよね。でも、安心してください。

道徳科の学習指導要領は、先生方一人ひとりが「考え、議論する」道徳の授業を自由に工夫して作っていけるように、実際には柔軟な運用が可能なようにできているのです。

たとえば、先に述べた22個の内容項目は、必ずしも「1時間の授業につき1つ」のペースで扱う必要はなく、「一つの内容項目を複数の時間で扱う指導を取り入れるなどの工夫」を行ってもよいとされています。また、学習指導要領解説では、これとは逆に「幾つかの内容を関連付けて指導する」ことを通して、各内容項目の間に関連性をもたせることを推奨しています。道徳の授業運営というと、「毎回異なるテーマについて単発の授業を繰り返す」というイメージを抱いている先生が多いと思いますが、実はそれは、多くの教科書がそのように作られているからにすぎず、学習指導要領自体は道徳の授業をもっと自由で柔軟に作っていく可能性を開いているのです。

道徳の授業の中に「考え、議論する」要素をたっぷり取り入れようとすると、「1時間単発型」ではあまりにも時間がありません。内容項目間の関連性に十分注意を払いつつ「2つの内容項目を2時間かけて扱う」授業を作ることができれば、それだけでも道徳の授業の自由度はぐっと広がります。道徳の授業をこんなふうに作ってもよいということは意外に知られていないので、ここで強調しておきます。

1章　ワークシートだけでできる

すべての人にとって生きやすい社会を考える
ユニバーサルデザインをプロデュース

【C　社会参画、公共の精神】

　身近なものをユニバーサルデザインの視点から捉え直し、よりよいものへと作り替えるためのアイデアを考えます。この活動を通して、様々な人々にとって生きやすい社会を自らつくり出してゆく意識を高めます。

準備するもの	教師：ワークシート

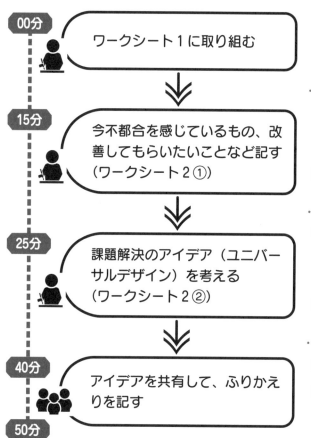

00分　ワークシート1に取り組む

▶「ユニバーサルデザイン」という言葉の意味を知っていますか？

15分　今不都合を感じているもの、改善してもらいたいことなど記す（ワークシート2①）

▶自分自身の生活を通じ、社会全体を見てこんなところに不都合を感じる、変わってほしい、というものを記しましょう

▶原則A〜Gにあてはめてみるとどうかな？

25分　課題解決のアイデア（ユニバーサルデザイン）を考える（ワークシート2②）

▶文章でも、イラストでもいいです。変えたいな、このようにしたら喜ぶ人も多いと思う、というアイデアを記してみましょう

▶なるべく多くの原則を満たすにはどうしたらいいかな？

40分　アイデアを共有して、ふりかえりを記す

▶お互いにアイデアを交換してみましょう

▶今日の活動をふまえて、最後の問いについて自分の考えを書いてください

50分

先生方へ

　ユニバーサルデザインについて考えてみることを通して、社会には障害を持つ人や自分と異なる人々がたくさんいることに気づき、様々な人たちが共生することの大切さを考えるきっかけとします。アイデアの巧拙ではなく、様々な人々への配慮がなされているかの点を重視し評価します。デザイン、考えたものを美術や技術などの実技系科目と連携し形にするといった活動も考えられます。

●参考文献・先行実践
中川聰『ユニバーサルデザインの教科書』（日経BP、2015年）
ワークシート「ユニバーサルデザインの原則」については次のサイトを参考にして作成しました。
https://projects.ncsu.edu/ncsu/design/cud/about_ud/udprinciplestext.htm
「ユニバーサルデザインの7原則」で検索すると様々な具体例を見ることができます。

ユニバーサルデザインをプロデュース

クラス（　　　）番号（　　　）氏名（　　　　　　　　　　　）

1．下の①・②は、「原則」A〜Gのどれを満たしているか考え、共有しましょう
（満たしている→〇　満たしていない→✕　どちらともいえない→△）

ユニバーサルデザインの原則	①	②
A 公平性　どんな人にとっても使いやすい		
B 柔軟性　個人の好みや能力に合わせた使い方ができる		
C 単純性　シンプルで直感的に使い方が理解できる		
D 分かりやすさ　必要な情報がすぐに得られる		
E エラーの許容　うっかりミスをしても危険につながらない		
F 体への負担の少なさ　効率的に、少ない力で利用できる		
G スペースの確保　使うのに十分なサイズやスペースがある		

①広い改札

②ピクトグラム（絵文字）

2．「ユニバーサルデザイン」で課題を解決しよう

①自分が問題と感じることがらや
　改善してほしいもの
※学校、通学路、よく利用する施設にあるものを思い出してみよう

②どうすれば改良されるか？
　課題解決のアイデアを考えよう

ふりかえり：様々な人が生きやすい社会をつくるために大切なことは何だと思いますか。

自分の個性に自信を持ち、自尊感情を育む

ポジティブな言い方に変えてみよう

【A　向上心、個性の伸長】

　自分の中では短所と思える部分（性格など）を、ポジティブな表現で言い換えます。またクラスメイトからポジティブな言葉をもらうことで、自分の個性に自信を持ち、自尊感情や向上心を養います。このことは、よりよい学級集団づくりにもつながります。

準備するもの　教師：ワークシート

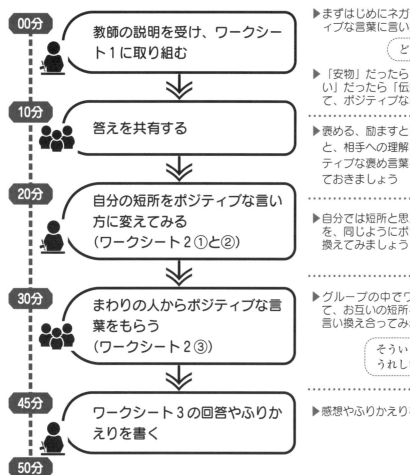

時間	活動	説明
00分	教師の説明を受け、ワークシート1に取り組む	▶まずはじめにネガティブな言葉をポジティブな言葉に言い換えてみましょう どういうことですか？ ▶「安物」だったら「リーズナブル」、「古い」だったら「伝統がある」のようにして、ポジティブな表現に言い換えます
10分	答えを共有する	▶褒める、励ますとは、相手に共感すること、相手への理解を示すことです。ポジティブな褒め言葉をたくさんストックしておきましょう
20分	自分の短所をポジティブな言い方に変えてみる （ワークシート2①と②）	▶自分では短所と思える部分（性格など）を、同じようにポジティブな言葉で言い換えてみましょう
30分	まわりの人からポジティブな言葉をもらう （ワークシート2③）	▶グループの中でワークシートを交換して、お互いの短所をポジティブな言葉で言い換え合ってみましょう そういうふうに言われるとうれしいな
45分	ワークシート3の回答やふりかえりを書く	▶感想やふりかえりを記しましょう
50分		

先生方へ

　ダウンロード版のプリントにはワークシート1の言い換え例を載せています。言い回し一つで自分の個性に自信を持てるようになり、そのことが人間関係の円滑化にもつながることに気づくように促します。ワークシートを通して、生徒がどれだけ自分の個性をポジティブに受け止められるようになったかを見取り、評価につなげます。

●参考文献・先行実践
　担任学研究会『高等学校　調査書・推薦書　記入文例＆指導例』（学事出版、2020年）

ポジティブな言い方に変えてみよう

クラス（　　　）番号（　　　）氏名（　　　　　　　　　）

1．次の言葉を、ポジティブな言い方に変えてみましょう。

①うるさい

②落ち着きがない

③調子にのりやすい

④ずうずうしい

⑤短気である

⑥目立ちたがる

⑦計画性がない

⑧消極的

⑨独りぼっち

⑩優柔不断

⑪お人よし

⑫意見が言えない

⑬集中できない

⑭かたい

⑮頑固

⑯凝り性

⑰空気が読めない

⑱ぐずぐずしている

⑲心配性

⑳独りよがり

2．自分の短所をポジティブな言い方に変えてみましょう。

①自分の短所と思えるもの	②ポジティブな言い方にすると…
	③まわりの人がくれた言葉

3．短所と思える部分を、ポジティブな面として生かすためにはどうしたらよいでしょうか？

感想・ふりかえり

③ 公共心や礼儀、車内マナーについて考える
それぞれの気持ち、それぞれの事情

【C　遵法精神、公徳心】

　駅に掲示されているマナー啓発ポスターの中に、描かれている人々の気持ちを想像して吹き出し（セリフ）を書き加えます。それぞれの気持ちや事情を自由に想像し、それをグループで共有することを通して、マナーやきまりを守ることの大切さをみんなが納得できるようにするにはどうすればよいか考えます。

準備するもの	教師：ワークシート

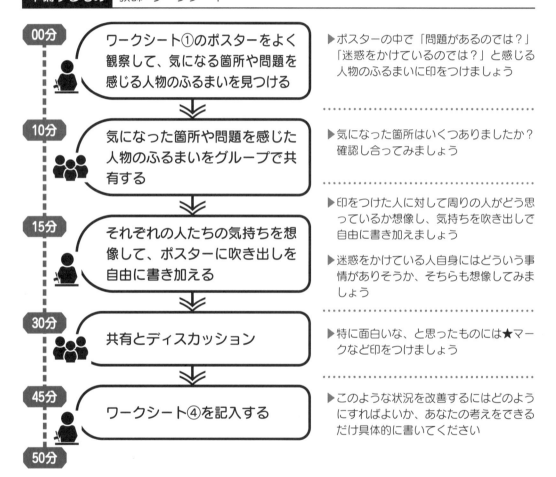

00分
ワークシート①のポスターをよく観察して、気になる箇所や問題を感じる人物のふるまいを見つける

▶ポスターの中で「問題があるのでは？」「迷惑をかけているのでは？」と感じる人物のふるまいに印をつけましょう

10分
気になった箇所や問題を感じた人物のふるまいをグループで共有する

▶気になった箇所はいくつありましたか？確認し合ってみましょう

15分
それぞれの人たちの気持ちを想像して、ポスターに吹き出しを自由に書き加える

▶印をつけた人に対して周りの人がどう思っているか想像し、気持ちを吹き出しで自由に書き加えましょう

▶迷惑をかけている人自身にはどういう事情がありそうか、そちらも想像してみましょう

30分
共有とディスカッション

▶特に面白いな、と思ったものには★マークなど印をつけましょう

45分
ワークシート④を記入する

▶このような状況を改善するにはどのようにすればよいか、あなたの考えをできるだけ具体的に書いてください

50分

先生方へ
　マナーを守っていない人を一方的に非難して終わりにするのではなく、他者の事情を想像しつつ、お互いに気持ちよく過ごすにはどうすればよいかを考えるところがこの授業のポイントです。活動する中で、マナーを守っていない時の自分自身をふりかえることにもなるでしょう。みんなが納得してマナーやきまりを守れるようにするにはどうすればよいかを具体的に考えられたか、といった観点から評価を行います。

●参考文献・先行実践
　阪神電気鉄道ホームページ https://www.hanshin.co.jp/company/press/detail/2221

それぞれの気持ち、それぞれの事情

クラス（　　　）番号（　　　）氏名（　　　　　　　　）

色々な人物の行動をみて、その人物の思いに分け入ってみましょう。

① この行動は少しおかしい、周囲に迷惑をかけているのでは、と感じる部分や人物にチェックを入れてみましょう。

©阪神電気鉄道株式会社

② チェックの入っていない周囲の人物に吹き出しを作って、その人が心の中で思っていることや気持ちを言葉で書いてみましょう。これらの問題のあるふるまいのどこがまずいかについても話し合ってみましょう。

③ ①でチェックした人物の「心の内」に分け入ってみましょう。どんな事情があってそのようなふるまいをしているのかを想像して、吹き出しを書き加えてみましょう。

④ ②・③を踏まえ、この状況を改善する方法について考えてみましょう。

4 感謝の気持を自覚する
おかげさまマップ

【B　思いやり、感謝】

　ある一つのものを取り上げて、それにどれだけ多くの人が関わり合っているかを、できるだけたくさん書き出してマップ化します。その過程で、多くの人々の「おかげさま」の中で生かされている自分を知り、感謝する心や、公共の精神について考えます。

| 準備するもの | 教師：ワークシート |

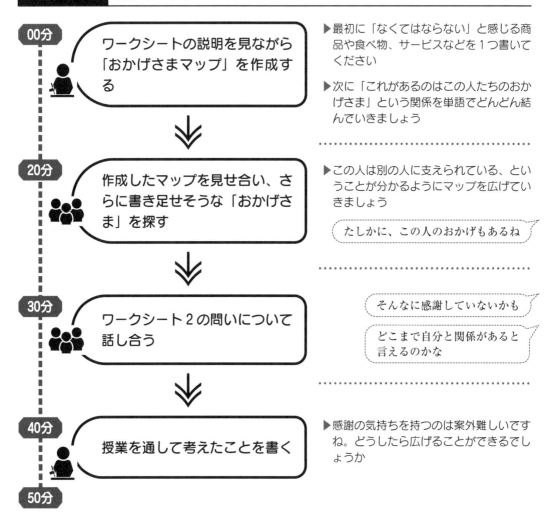

00分
ワークシートの説明を見ながら「おかげさまマップ」を作成する

▶最初に「なくてはならない」と感じる商品や食べ物、サービスなどを1つ書いてください

▶次に「これがあるのはこの人たちのおかげさま」という関係を単語でどんどん結んでいきましょう

20分
作成したマップを見せ合い、さらに書き足せそうな「おかげさま」を探す

▶この人は別の人に支えられている、ということが分かるようにマップを広げていきましょう

たしかに、この人のおかげもあるね

30分
ワークシート2の問いについて話し合う

そんなに感謝していないかも

どこまで自分と関係があると言えるのかな

40分
授業を通して考えたことを書く

▶感謝の気持ちを持つのは案外難しいですね。どうしたら広げることができるでしょうか

50分

[先生方へ]
　マインドマップの中心に商品を置き、連想ゲームのように、関係する人を出していく活動です。ゲーム感覚で楽しく作成しましょう。ワークを通して、人間は社会という相関の中で生かされていること（「おかげさま」の精神）に気づくように促します。また、感謝は自然にわくだけでなく知識や想像力、技術も必要なのではないか、など思いやりや感謝とは何かについて改めて考える機会とします。

おかげさまマップ

クラス（　　　）番号（　　　）氏名（　　　　　　　　　　）

1．「おかげさまマップ」づくり

・自分にとって「これがないと生きていけない」と思えるものを中央に書く。

・そこから「こういう人たちのおかげで成り立っている」と思う人々を書き出し、どんな「おかげさま」なのかを記す。

・さらに、その人のことを支えている人がだれなのか考え、マップを広げていく。

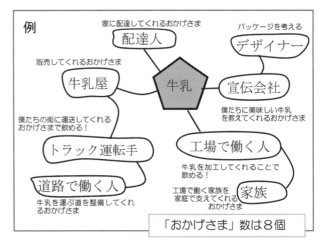

例

家に配達してくれるおかげさま
配達人

パッケージを考える
デザイナー

販売してくれるおかげさま
牛乳屋

牛乳

宣伝会社

僕たちに美味しい牛乳を教えてくれるおかげさま

僕たちの街に運送してくれるおかげさまで飲める！
トラック運転手

工場で働く人

牛乳を加工してくれることで飲める！

道路で働く人

家族

牛乳を運ぶ道を整備してくれるおかげさま

工場で働く家族を家庭で支えてくれるおかげさま

「おかげさま」数は8個

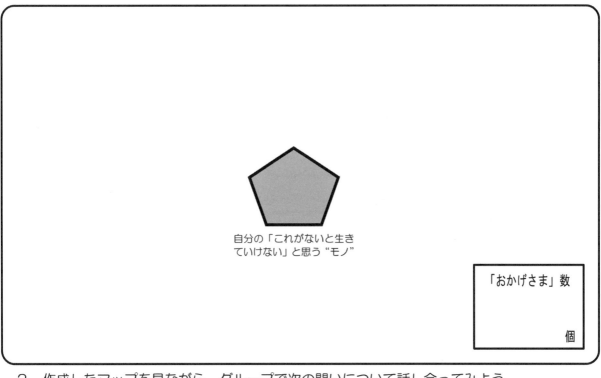

自分の「これがないと生きていけない」と思う"モノ"

「おかげさま」数

個

2．作成したマップを見ながら、グループで次の問いについて話し合ってみよう。

・マップの中で普段から感謝の気持ちを抱いている人はどれくらいいるか？

・マップ上のどこまで感謝の気持ちを抱けるか／どこまで感謝の気持ちを抱いたほうがよいか？

ふりかえり

親になったつもりで家族について考える

5 「親」シミュレーション

【C　家族愛、家庭生活の充実】

　自分に子どもが生まれて親になったという設定で、子育てをシミュレーションします。いつもの子どもの立場を離れて親の目線で考えることで、親のアドバイスの真意や背後にある思いについて考える機会とします。

準備するもの　教師：ワークシート

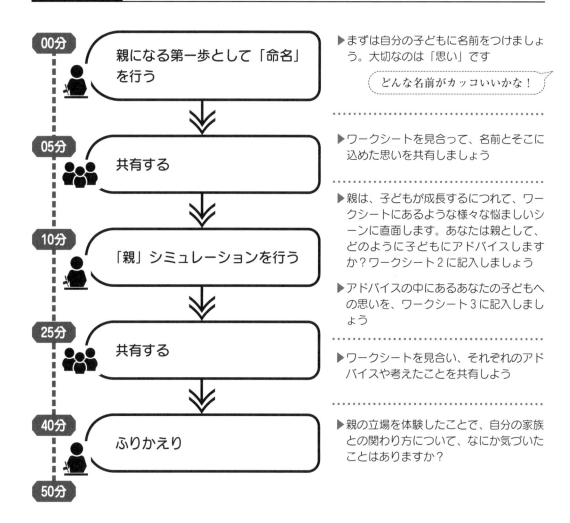

先生方へ

　教室には様々な家庭環境の生徒がいます。そのため画一的な家族観をベースにした授業は避けるべきであり、そこが家族をテーマにした授業の難しいところです。この授業では、生徒自身にゲーム感覚で親の立場を疑似体験してもらいます。生徒本人の名前の由来や、親子関係には立ち入りません。そうすることで間接的に、自分と家族との関わりや、大人になった後の生き方について考えさせることをねらっています。

「親」シミュレーション

クラス（　　　）番号（　　　）氏名（　　　　　　　　　　）

1．あなたは親になりました。

お子さんに名前をつけましょう。

どんな「思い」を込めて名前をつけましたか（命名の由来）。

2．あなたは「親」としてこんなシーンに出会いました。どのようにお子さんにアドバイスしますか。

【小学生】あなたのお子さんは食べ物の好き嫌いがあり、なかなかあなたが食べてほしい栄養のある食べ物を食べてくれません。	

【中学生】夜遅くまで、ゲームをしていたり、動画を見ていたり、あるいは携帯をいじっていたりと、規則正しい生活の妨げになっている様子を感じます。	

【高校生】自分の将来について悩んでいる様子です。いろんな人からアドバイスを受けているようです。	

※自分で1つ「シーン」を考えて、それに対するアドバイスも考えてみよう！

3．あなたのアドバイスの中にある、あなたのお子さんへの「思い」や、どんな気持ちで、なぜそのアドバイスをしたのか、記してみましょう。

ふりかえり：家族の一員として、あなたはどのように生活していきたいですか。

すべての人にとって生きやすい社会を考える

6 届かない「お知らせ」

【C　国際理解、国際貢献】

　学校でよく出されるお知らせ文を、日本での生活がまだ浅く、難しい日本語が理解できない方に、わかりやすく伝えるための表現やアイデアを考えます。日本で暮らす外国の方の困りごとに配慮する体験を通して、グローバル社会の中ですべての人が生きやすくなるためにはどうすればよいか、具体的に考察できるようになることを目指します。

準備するもの　教師：ワークシート

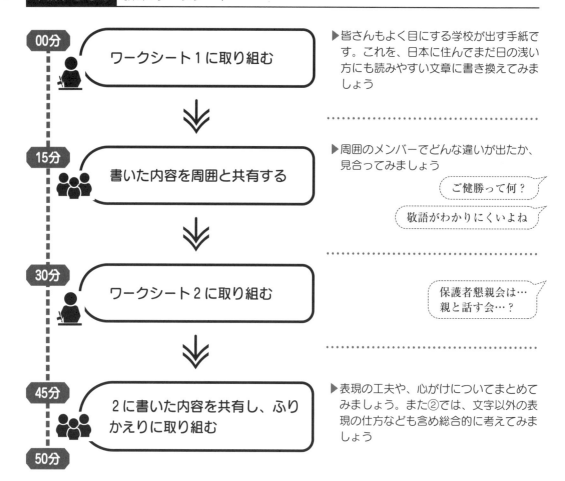

00分 ワークシート1に取り組む
▶皆さんもよく目にする学校が出す手紙です。これを、日本に住んでまだ日の浅い方にも読みやすい文章に書き換えてみましょう

15分 書いた内容を周囲と共有する
▶周囲のメンバーでどんな違いが出たか、見合ってみましょう
ご健勝って何？
敬語がわかりにくいよね

30分 ワークシート2に取り組む
保護者懇親会は…親と話す会…？

45分 2に書いた内容を共有し、ふりかえりに取り組む
50分
▶表現の工夫や、心がけについてまとめてみましょう。また②では、文字以外の表現の仕方なども含め総合的に考えてみましょう

先生方へ

　「お知らせ文」はダウンロード版のワークシートについています。補助プリントとしてお使いください。アイデアの巧拙ではなく、相手の立場に立って考える姿勢を示しているかどうかに注目して評価をおこないます。

●参考文献・先行実践
　かながわ開発教育センター「読めないお知らせ」https://kdec75.wixsite.com/kdec/untitled-c1z3k
　やさしい日本語 http://www4414uj.sakura.ne.jp/Yasanichi/

届かない「お知らせ」

クラス（　　　）番号（　　　）氏名（　　　　　　　　　）

1．日本に住んでまだ日の浅い方にも読みやすい文章・言葉にしてみましょう。

令和3年10月20日

3年生保護者の皆様

京都市立　鳳凰中学校

校長　花園　欅太郎

修学旅行説明会のお知らせ

初秋の候、皆様にはますますご健勝のこととお喜び申しあげます。

さて、3年生の修学旅行の時期が近づいてまいりました。学校では、各教科の授業や総合学習の時間を使い、生徒たちの調査に関する学習が進んでいます。お子さんたちはみな楽しい旅行を心待ちにしていることと思います。

このたび、修学旅行の実施に関する説明会を開催する運びとなりました。保護者の皆様には、行程、内容、留意点についてご理解いただくとともに、ご家庭でのご指導、事前の健康管理についてご協力をいただきたく、ぜひともご参加をお願いいたします。

記

日　時　令和3年11月2日（火）　15時～16時
場　所　本校　講堂　本館2階
内　容　修学旅行の行程、事前準備や健康管理についてのお願い
持ち物　恐れ入りますが、上履きのご用意をお願いいたします。

以上

お問い合わせ　担任　桧山敬

2．以下の言葉をわかりやすく言い換えてみましょう。また、学校でよく使われる言葉でわかりにくいと思われるものをあげてみましょう。

①保護者懇談会 ➡		②書き初め ➡	

ふりかえり

①書き換え以外に、どんな方法がありますか？

②情報やメッセージを相手に届けようとするとき、どんなことに配慮し、どのような工夫をすればよいでしょうか。

7

進路や職業についてクリエイティブに考える
職業を作り出してみよう！職業れんきんがま

【C　勤労】

　いま実際にある職業を組み合わせることで、将来生まれるかもしれない新しい職業のアイデアを考えます。工夫次第で色々な職業を作り出せるという認識を持ち、働き方は多種多様でありうることに気づくよう促します。活動を通して、自分自身の働き方や働く意義について柔軟に考えられるようになることを目指します。

準備するもの　教師：ワークシート

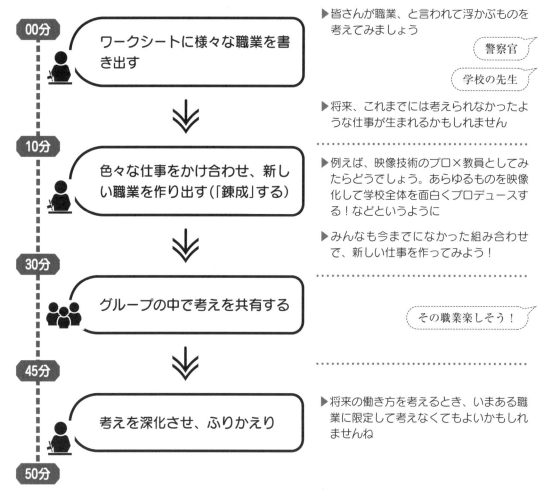

00分　ワークシートに様々な職業を書き出す

▶皆さんが職業、と言われて浮かぶものを考えてみましょう

警察官

学校の先生

▶将来、これまでには考えられなかったような仕事が生まれるかもしれません

10分　色々な仕事をかけ合わせ、新しい職業を作り出す（「錬成」する）

▶例えば、映像技術のプロ×教員としてみたらどうでしょう。あらゆるものを映像化して学校全体を面白くプロデュースする！などというように

▶みんなも今までになかった組み合わせで、新しい仕事を作ってみよう！

30分　グループの中で考えを共有する

その職業楽しそう！

45分　考えを深化させ、ふりかえり

▶将来の働き方を考えるとき、いまある職業に限定して考えなくてもよいかもしれませんね

50分

先生方へ

　従来の職業も、色々な組み合わせによってイノベーションが起き、まったく新しい働き方を提案できること、社会への還元が様々な形でできることに意識を向けさせます。ワークを通して、自分の進路や将来についても柔軟な発想を抱けるようになるよう促し、その点に着目して評価します。ネット調査で自分の作った職業が実際に「ある」のかどうか調べる活動につなげると、さらに学びが深まります。

職業を作り出してみよう！職業れんきんがま

クラス（　　　）番号（　　　）氏名（　　　　　　　　　）

＜知っている仕事を書き出すタイムトライアル＞（時間制限…　　　　　）

※友達とシェアして、加えたいものは赤ペンなどで書き加えましょう

　現代は、これまでない新しい職業が次々に生み出されている時代です（例：DJポリス、ネットカフェなど）。「この仕事にこんな技能が備わると面白い！」「この仕事とこの仕事を組み合わせたら面白そう」というものを「職業れんきんがま」で作ってみましょう！

※「錬金釜（れんきんがま）」――― 2つのものを組み合わせて、新しいものを作る釜。

例：① 「学習塾」X「文具」→それぞれの勉強に最適な文具を提供してくれる学習塾
　　② 「鉄道会社」X「ペットショップ」→ペットの居る家庭にも便利な交通会社

新たな「職業」を生み出す "錬金釜"

ふりかえり：あなたは将来どんなふうに働きたいですか？　今日の活動をふまえて書きましょう。

8 合意形成の難しさをふまえ、ルールのあり方を学ぶ
全員が楽しめるルールを考えよう
【C　遵法精神、公徳心】

　対立する様々な意見をふまえ、みんなが納得できるルールを考える活動です。その過程で、合意形成の難しさを体感します。よりよいルールのあり方について考える機会にするとともに、現状を改善しようとする社会参画意識を養うことがねらいです。

準備するもの　教師：ワークシート

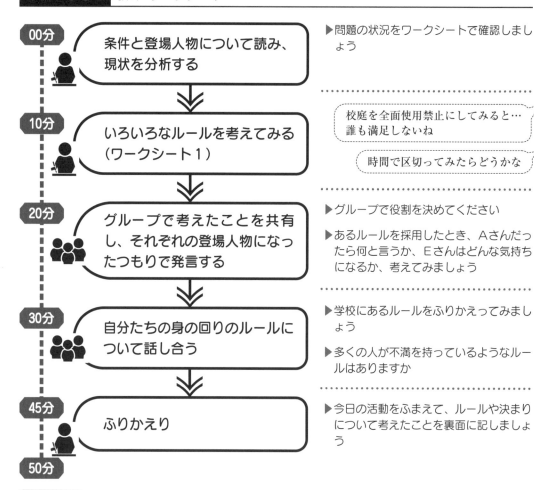

時間	活動	ポイント
00分	条件と登場人物について読み、現状を分析する	▶問題の状況をワークシートで確認しましょう
10分	いろいろなルールを考えてみる（ワークシート１）	校庭を全面使用禁止にしてみると…誰も満足しないね／時間で区切ってみたらどうかな
20分	グループで考えたことを共有し、それぞれの登場人物になったつもりで発言する	▶グループで役割を決めてください／▶あるルールを採用したとき、Aさんだったら何と言うか、Eさんはどんな気持ちになるか、考えてみましょう
30分	自分たちの身の回りのルールについて話し合う	▶学校にあるルールをふりかえってみましょう／▶多くの人が不満を持っているようなルールはありますか
45分	ふりかえり	▶今日の活動をふまえて、ルールや決まりについて考えたことを裏面に記しましょう
50分		

先生方へ

　平等性を意識するあまり、全員が不満を持つようなルールを採用してしまうことは学校内でもよく起こります（一斉に禁止、など）。①〜③の活動を通して、ルールの決め方次第で、不平等、不公平など様々な影響が出ることに気づかせます。それぞれの人の立場にどれだけ配慮して取り組めたか、ルールのあり方や特徴について理解を深めたか、といった観点から評価します。教科書教材を使って実施したい場合は「44 みんなが幸せになるには？」を参照してください。

●参考文献・先行実践
　NHK for School『ココロ部！』第２回放送「みんなの自由な公園」 https://www.nhk.or.jp/school/doutoku/kokorobu/

全員が楽しめるルールを考えよう

クラス（　　　）番号（　　　）氏名（　　　　　　　　）

《条件文》
　○○中学校の校庭は、月～金の放課後 16 時～18 時まで生徒に開放されています。
　しかし、すべての時間帯で野球部とサッカー部が校庭を半分ずつ使用して練習していて、
他の生徒が使えていないのが現状です。

《登場人物》

Aさん	サッカー部員。サッカーが好きで、できるだけサッカーをしていたい。
Bさん	野球部顧問。チームが試合に勝つために、なるべくたくさん練習させたい。
Cさん	科学部員。個人研究で製作した手作りロケットの実験をしたい。
Dさん	サッカー部員ではないが、友達とサッカーをして遊びたい。
Eさん	ダンス部員。コンテストに応募するためのダンス動画を校庭で撮りたい。

《分析》
現状に満足している人⇒〔　　　　　　　〕　　現状に不満を持っている人⇒〔　　　　　　　　〕

1．いろいろなルールの可能性について考えよう。
①満足している人と、不満を持っている人が逆転するようなルールを考えてみよう。

②平等だが、全員が不満をもってしまうルールを考えてみよう。

③全員が納得するようなルールを考えてみよう。

2．身の回りのルールをふりかえってみよう。
　不満をもっている人はいませんか？　みんなが納得するために、どういうルールに変えれ
　ばよいと思いますか？

....

....

....

身の回りの問題を発見し、自分でよりよい環境を作る

教室の中の SDGs

【C　社会参画、公共の精神】

　SDGs の理念をもとに、身の回りにある問題を発見し、それを自分たちで改善するためのプロジェクトを考えます。いきなりグローバルな問題について考えるのではなく、まずは小さな問題を解決しようとすることで、社会参画への意識を高めることがねらいです。

準備するもの　教師：ワークシート、SDGs 一覧（あれば）

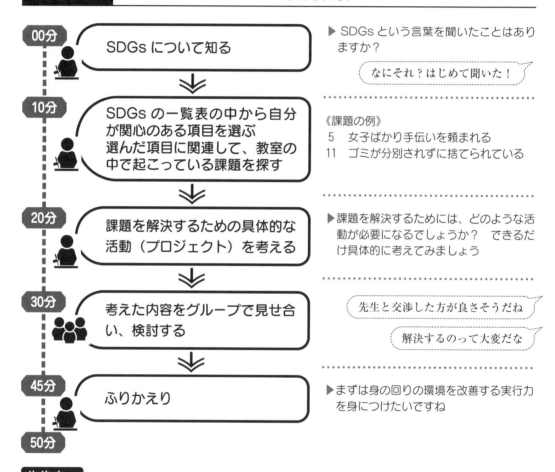

00分　SDGs について知る

▶ SDGs という言葉を聞いたことはありますか？

なにそれ？はじめて聞いた！

10分　SDGs の一覧表の中から自分が関心のある項目を選ぶ
選んだ項目に関連して、教室の中で起こっている課題を探す

《課題の例》
5　女子ばかり手伝いを頼まれる
11　ゴミが分別されずに捨てられている

20分　課題を解決するための具体的な活動（プロジェクト）を考える

▶課題を解決するためには、どのような活動が必要になるでしょうか？　できるだけ具体的に考えてみましょう

30分　考えた内容をグループで見せ合い、検討する

先生と交渉した方が良さそうだね

解決するのって大変だな

45分　ふりかえり

▶まずは身の回りの環境を改善する実行力を身につけたいですね

50分

先生方へ

　問題を探す際には、自分たちで解決できそうな「小さい」問題から探すように促します。それでもプロジェクトを計画して実際に解決しようとすると大変であることに気づくはずです。身近な問題解決をくり返すことがさらに大きな問題解決へとつながることに気づかせたいところです。「7　職業を作り出してみよう！職業れんきんがま」と関連づけグローバルな問題を解決するための仕事を考えたり、特別活動の時間につなげて良いと思ったプロジェクトを実際に行うなどすると、学びが深まります。

●参考文献・先行実践
　一般社団法人 Think the Earth 編著『未来を変える目標　SDGs アイディアブック』（紀伊國屋書店、2018年）
　SDGs については、JICA 地球ひろば（https://www.jica.go.jp/hiroba/teacher/report/press/2017.html）などを参照してください。

教室の中のＳＤＧｓ

クラス（　　　　）番号（　　　　）氏名（　　　　　　　　　　　　）

1.「ＳＤＧｓ」―――この中であなたが強く興味をひかれるもの

　　ＳＤＧｓ…持続可能な開発目標（Sustainable Development Goals）

　　　　17 のグローバル目標が掲げられている。

1　貧困をなくそう	9　産業と技術革新の基盤をつくろう
2　飢餓をゼロに	10　人や国の不平等をなくそう
3　すべての人に健康と福祉を	11　住み続けられるまちづくりを
4　質の高い教育をみんなに	12　つくる責任　つかう責任
5　ジェンダー平等を実現しよう	13　気候変動に具体的な対策を
6　安全な水とトイレを世界中に	14　海の豊かさを守ろう
7　エネルギーをみんなに　　そしてクリーンに	15　陸の豊かさも守ろう
	16　平和と公正をすべての人に
8　働きがいも　経済成長も	17　パートナーシップで目標を達成しよう

選んだ項目　⇒　　　　　　　　

2.　選んだ項目と関連づけて、教室の中で起こっている課題を探してみよう。

　　例：「7」⇒電気がつけっぱなしになっていることが多い。

　　　「12」⇒プリントが大量に刷られ、大量に捨てられている。

3.　課題を解決するための具体的な活動（プロジェクト）を考えてみよう。

　　…どのような仕組みを作ればよいでしょうか。誰にどのような働きかけをしますか。

ふりかえり：今日の活動を通して考えたこと

ロールプレイを通して礼儀について考える

10 あいさつ運動「寸劇」シナリオ

【B　礼儀】

　あいさつ運動をテーマにした、3分程度の寸劇シナリオを作成します。あいさつを推奨したい人、実行に乗り気ではない人、どちらでもない人、それぞれの視点に立つことで、礼儀にはどのような側面があるのかについて考える機会とします。

準備するもの　教師：ワークシート

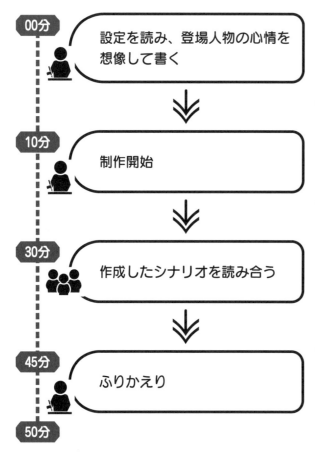

00分　設定を読み、登場人物の心情を想像して書く

▶それぞれの登場人物は、あいさつに対してどのような思いを抱いているでしょうか

10分　制作開始

▶まずは場面の設定から考えましょ（例：校門であいさつ運動をしているところ）

▶3人以外の登場人物を出してもいいですよ

30分　作成したシナリオを読み合う

▶実際に、役割を分担して読みあってみましょう

▶どうしたらBさんはあいさつをしたい気持ちになるでしょうか

　好きな人にあいさつされる
　設定にしてみようか？

45分　ふりかえり

▶人によって礼儀に対する考え方も違いますね。どうすればみんなが気持ちよく生活できるのでしょうか

50分

先生方へ

　シナリオ作りはあくまでも題材であり、それを通して礼儀に関する理解を深めることが目標です。教師の側で礼儀は大切だと一方的に教え込むのではなく、楽しみながら礼儀の様々な側面に気づいてほしいと思います。グループでシナリオを制作し、次の時間に発表会を行うなどすると、より印象的な授業となるでしょう。登場人物に「外国から来て習慣の違う人」を加えて考えてみると「C　国際理解、国際貢献」の授業として実施することもできます。

●参考文献・先行実践
　座っている人を椅子から立たせるという演劇ワークショップを参考に計画しました。https://www.edulog.jp/joshisei/archives/752など。

あいさつ運動「寸劇」シナリオ

クラス（　　　）番号（　　　）氏名（　　　　　　　　　　）

《登場人物》 それぞれの登場人物が「あいさつ」についてどう考えているのか想像しよう。

Aさん…〇〇中学校の生徒会役員。明るい学校づくりのため、あいさつ運動を推進したい。

〔　　　　　　　　　　　　　　　　　　　　　　　　　　　　　　　　　　〕

Bさん…あいさつをどうしてもしたくない。

〔　　　　　　　　　　　　　　　　　　　　　　　　　　　　　　　　　　〕

Cさん…友達や仲のいい先生に対してはあいさつをするが、それ以外の人にはしない。

〔　　　　　　　　　　　　　　　　　　　　　　　　　　　　　　　　　　〕

《シナリオ制作》

①場面設定

②ストーリー・展開（概要）

③シナリオ（下で足りない場合は裏面も利用しましょう）

人物	セリフ・うごき（心情のうごき）などを記そう

《ふりかえり》 人によって礼儀に対するとらえ方が違うなかで、どうすればみんなが気持ちよく生活できるでしょうか。

クラスの現状をふりかえり、よりよい集団を目指す

11 クラスのゆるキャラを作ろう

【C　よりよい学校生活、集団生活の充実】

　クラスの特徴や目標を見据えたゆるキャラを作成し、そのキャラについて解説します。クラスの現状について見つめ、目標を具現化することを通して、クラスに対する帰属意識を高め、その後の充実した集団生活につなげることがねらいです。

準備するもの　教師：ワークシート、白地のB5用紙

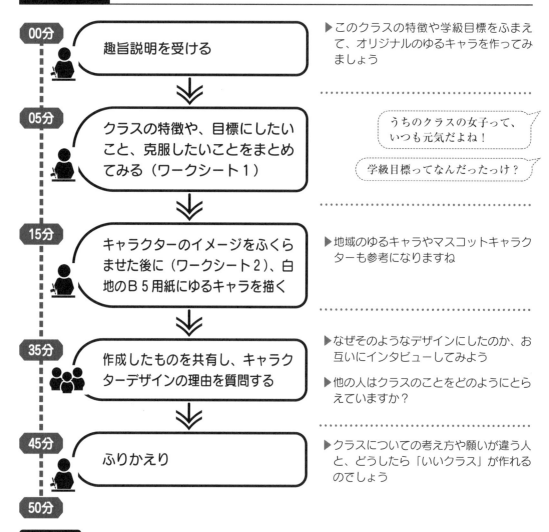

00分 趣旨説明を受ける

▶このクラスの特徴や学級目標をふまえて、オリジナルのゆるキャラを作ってみましょう

05分 クラスの特徴や、目標にしたいこと、克服したいことをまとめてみる（ワークシート1）

うちのクラスの女子って、いつも元気だよね！

学級目標ってなんだったっけ？

15分 キャラクターのイメージをふくらませた後に（ワークシート2）、白地のB5用紙にゆるキャラを描く

▶地域のゆるキャラやマスコットキャラクターも参考になりますね

35分 作成したものを共有し、キャラクターデザインの理由を質問する

▶なぜそのようなデザインにしたのか、お互いにインタビューしてみよう

▶他の人はクラスのことをどのようにとらえていますか？

45分 ふりかえり

▶クラスについての考え方や願いが違う人と、どうしたら「いいクラス」が作れるのでしょう

50分

先生方へ

　ゆるキャラを作るという活動を取り入れることで、楽しみながらクラスの現状についてふりかえったり、今後のクラスのあり方について考えることのできる授業です。クラス通信や地域のゆるキャラの画像などを活用すると、イメージしやすくなるでしょう。絵を描くことが主目的ではないので、苦手意識のある生徒にはワークシート2までを文章で考えるように促すとよいでしょう。グループ対話では、クラスについての様々なとらえ方があることに気づき、それをふまえてよりよい集団とは何か、集団とどのように関わるかなどについて考えを深めるきっかけとします。

クラスのゆるキャラを作ろう

クラス（　　　）番号（　　　）氏名（　　　　　　　　）

1. ①他のクラスと比べた自分たちのクラスの特徴、②クラスが今後こうなってほしいという願いや目標を書こう。

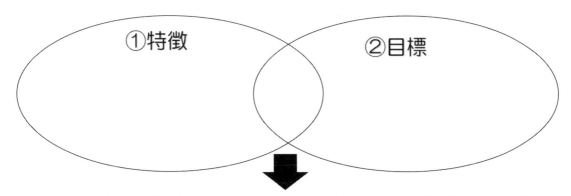

①特徴　②目標

2.「1」をふまえ、キャラクターについてのイメージをふくらませよう（その理由を下段に）。

【例】

モチーフの動物や姿	身につけているもの	その他の特徴
武将	ペンとホウキを持っている	笑顔
（理由）クラスは強くあってほしいから	（理由）勉強を頑張るとともに「きれいなクラス」をイメージして	（理由）いつも笑顔で生活できるように

【あなたのキャラクター】

モチーフの動物や姿	身につけているもの	その他の特徴
（理由）	（理由）	（理由）

ふりかえり

みんなが居心地のいい集団を作っていくにはどうすればよいのだろう？

※【例】の絵
学習　清掃
名前「にーくん」
©F.
2-2　いつも笑顔で!!

12 ルールと責任の関係について考える
誰が決めたルール？

【A　自主、自律、自由と責任】

　身の回りの様々なルールについて、そのルールの決定権が自分にあるのか、それとも他人にあるのかを考える活動です。どうすればルールの決定権が自分に移るのかを考える課題を通して、節度のある生活や自律について考える機会とします。

準備するもの　教師：ワークシート

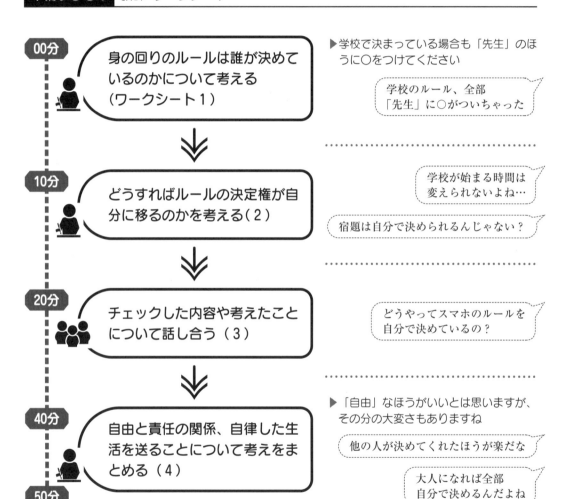

00分	身の回りのルールは誰が決めているのかについて考える（ワークシート1）

▶学校で決まっている場合も「先生」のほうに○をつけてください

学校のルール、全部「先生」に○がついちゃった

| 10分 | どうすればルールの決定権が自分に移るのかを考える（2） |

学校が始まる時間は変えられないよね…

宿題は自分で決められるんじゃない？

| 20分 | チェックした内容や考えたことについて話し合う（3） |

どうやってスマホのルールを自分で決めているの？

| 40分 | 自由と責任の関係、自律した生活を送ることについて考えをまとめる（4） |

▶「自由」なほうがいいとは思いますが、その分の大変さもありますね

他の人が決めてくれたほうが楽だな

大人になれば全部自分で決めるんだよね

| 50分 | |

先生方へ

　子どもたちの主体性を伸ばそうと思えば、意図的にルールを緩め、管理を手放していく必要があります。その際に、子ども自身が「自由」と「責任・自律」の関係性について考えておくことは大切です。大人が決めた既存のルールに従うだけでなく、ルールそのものを自分で作れるようになってほしいと思います。自由や責任・自律といった観点から自分の生活についてどう振り返ったのかをワークシート4の記述から評価します。

誰が決めたルール？

クラス（　　）番号（　　）氏名（　　　　　　　　　　）

1．次のそれぞれの項目について、ルールを決めているのは自分ですか？　自分以外の人ですか？　どちらかに○をつけていきましょう。

《学校》

項目	ルールを決めているのは…		2の回答
始業時間	自分 ・ 先生		
時間割（1日のスケジュール）	自分 ・ 先生		
授業内での勉強	自分 ・ 先生		
宿題（家での勉強内容）	自分 ・ 先生		
部活動	自分 ・ 先生		

《家庭》

項目	ルールを決めているのは…		2の回答
起床時間	自分 ・ 親		
家事・手伝い	自分 ・ 親		
帰宅時間（門限）	自分 ・ 親		
スマホ／PC の使い方	自分 ・ 親		
おこづかいの額	自分 ・ 親		
家での勉強時間	自分 ・ 親		

2．自分以外がルールを決めている項目について、がんばれば自分がルールの決定権をもてるものには○を、がんばっても決定権が動かないものには×をつけましょう。

3．チェックした内容をクラスで共有しましょう。どうすれば自分がルールの決定権をもてるのかについて話し合ってみましょう。

4．ルールの決定権が自分にあればあるほど「自由」を感じますが、一方でより「責任」や「自律」が求められるようになります。このことと、今日のワークをふまえ、考えたことを書いてください。

_____

_____

_____

いじめについて考える
13 イヤな友達、だけど友達

【B　友情、信頼】

　身近な人のことを何だか嫌だなと感じてしまったとき、どう対処しながら生活していくかを考える授業です。「いじめ」の表面的な理解や形式的な禁止にとどまらず、具体的に楽しく、よりよい人間関係の築き方を考えることがねらいです。

準備するもの　教師：ワークシート（各グループ1枚）、白紙（各グループ1枚）

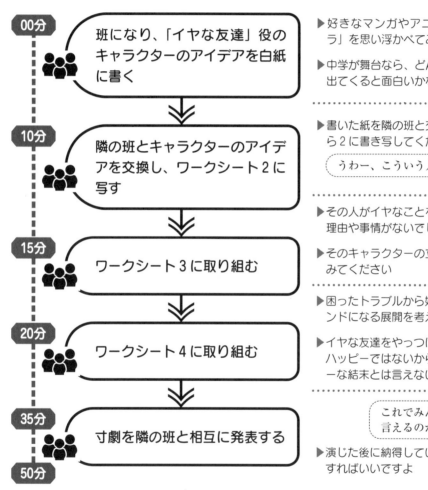

00分 班になり、「イヤな友達」役のキャラクターのアイデアを白紙に書く	▶好きなマンガやアニメの「イヤなキャラ」を思い浮かべてみましょう ▶中学が舞台なら、どんなキャラクターが出てくると面白いかな？
10分 隣の班とキャラクターのアイデアを交換し、ワークシート2に写す	▶書いた紙を隣の班と交換し、受け取ったら2に書き写してください うわー、こういう人、いたら困る！
15分 ワークシート3に取り組む	▶その人がイヤなことをするのには、何か理由や事情がないでしょうか？ ▶そのキャラクターの立場になって考えてみてください
20分 ワークシート4に取り組む	▶困ったトラブルから始まってハッピーエンドになる展開を考えましょう ▶イヤな友達をやっつけてしまうと相手はハッピーではないから、みんながハッピーな結末とは言えないですね
35分 **50分** 寸劇を隣の班と相互に発表する	これでみんなハッピーだと言えるのかな……？ ▶演じた後に納得していないところを解説すればいいですよ

先生方へ

　実在の人物ではなく架空のキャラクターについて考えることで、人間関係のトラブルについて冷静に考えることができます。嫌な相手だからといって何をしてもよいわけではないこと、対処の仕方によってはいじめにつながること、みんなが幸せになる対処は難しいことなどの、気づきを得ることが重要です。シナリオ作りと上演の2時間構成でも行うことができます。

●参考文献・先行実践
　「ふたつの心」『平成31年度 中学校 新しい道徳1』（東京書籍）

イヤな友達、だけど友達

グループ番号（　　）　メンバーの名前（　　　　　　　　　　　　　　　）

各グループで、次の条件に当てはまる、なるべく面白い寸劇を作ろう！
　条件１：中学生が主人公で、「主人公をイヤな気分にさせる友達」が登場する
　条件２：登場人物がみんなハッピーになる（最後は誰も困らない）

1.「イヤな気分にさせる友達」役の設定を考え、白紙にまとめ、隣のグループと交換しましょう。

2.「友達」のキャラクター設定を考えよう。

どんな人？（行動・発言・特徴）：隣のグループから回ってきたものを写しましょう

3.「友達」の設定を深めよう。

その人は、どうしてそうするのだろう？（背景や理由を考えて書きましょう）

4. 困るシーンからハッピーエンドになるシナリオを考えよう。
　　※途中で登場人物を増やしてもOK　※夢オチや超常現象は禁止

場面	展開
困るシーン	
対処シーン	
結末	

排外的な学びを避けつつ、伝統や文化を考える

尊重すべき伝統の資格

【C　我が国の伝統と文化の尊重、国を愛する態度】

　様々な伝統をいくつかの観点から比較することで、伝統を尊重するとはどういうことかを改めて考える活動です。伝統を尊重することは、自己・他者・共同体の価値観を理解し尊重することに結びつきます。伝統を問い直す中で多文化共生的な視点をもち、郷土や国そして世代間の倫理についても考えることを目指します。

準備するもの	教師：ワークシート

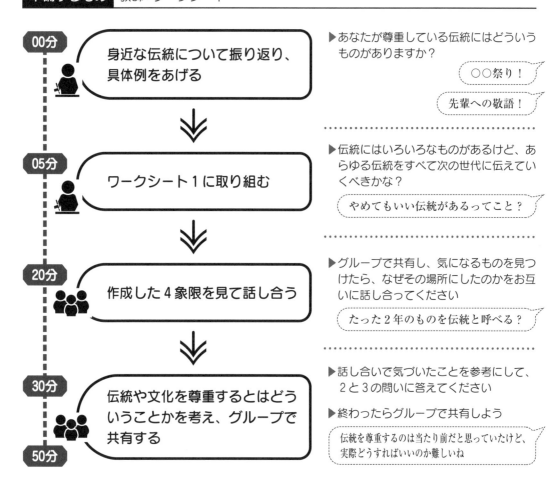

00分　身近な伝統について振り返り、具体例をあげる

▶あなたが尊重している伝統にはどういうものがありますか？

　〇〇祭り！

　先輩への敬語！

05分　ワークシート1に取り組む

▶伝統にはいろいろなものがあるけど、あらゆる伝統をすべて次の世代に伝えていくべきかな？

　やめてもいい伝統があるってこと？

20分　作成した4象限を見て話し合う

▶グループで共有し、気になるものを見つけたら、なぜその場所にしたのかをお互いに話し合ってください

　たった2年のものを伝統と呼べる？

30分　伝統や文化を尊重するとはどういうことかを考え、グループで共有する

50分

▶話し合いで気づいたことを参考にして、2と3の問いに答えてください

▶終わったらグループで共有しよう

　伝統を尊重するのは当たり前だと思っていたけど、実際どうすればいいのか難しいね

先生方へ

　教室の中には、外国籍の生徒や、いま住んでいる郷土や国への帰属意識をすんなりともてない生徒もいて当然です。このワークは、日本人なら日本の伝統を受け入れて継承すべきだという一面的な姿勢を問い直すことを目指していますので、伝統に疑問をもち、多様な視点から対話が起こることはぜひ評価してください。ただし、いたずらに文化的差異を強調して分断や孤立感が生じないよう注意が必要でしょう。

尊重すべき伝統の資格

クラス（　　　）番号（　　　）氏名（　　　　　　　　　　）

１．次の「伝統」をみて、４象限にあてはめてみましょう。

　　太字にしたキーワードを当てはまると思う位置に書き込んでください。

①**漢字**：古代日本に中国から伝えられた「漢字」。

②**仏教**：インドで生まれ、中国で漢字に翻訳され、日本に伝わった「仏教」。

③**かるた**：商店街の「かるた大会」。地元の名所が札になり、今年で２年目だ。

④**雨乞い**：1000 年続く「雨乞いの舞」。京都の名家のみが引き継いで守ってきた。

⑤**食材**：旧日本軍が占領地で作らせた「食材 X」。いまや現地でおなじみの食材だ。

⑥**アニメ**：世代を超えて愛され、世界的にも広まった「アニメ作品」。

⑦**庭園**：貴族が自分の所有する寺院に作らせた「庭園」。当時、庶民は立ち入り禁止だったが
　現在は誰もが入れる観光スポット。

⑧**女人禁制**：何百年も男性だけが修行してきた聖地で、いまも「信仰上女性が入れない山」。

⑨**儀式**：山奥の村に受け継がれた「呪いの儀式」。知っているのは３名の老人だけ。

⑩**祭り**：廃校になった小学校で創作された「祭り」。50 代以上の卒業生は今でも再現できる
　が、小学校がなくなったので実施されていない。

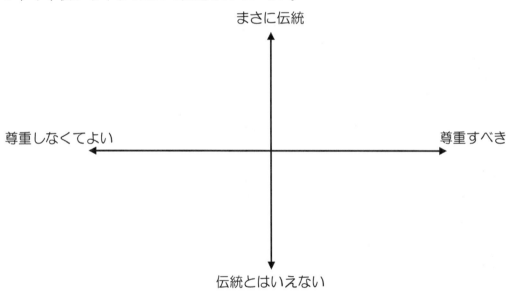

２．あなたにとっての「尊重すべき伝統」のポイントは？

３．具体的に、何をすれば伝統を尊重したことになる？

15 節度ある生活について前向きに考える
いつ身につけた習慣？

【A　節度、節制】

　「節度ある生活」の具体的な項目について、自分がいつどのように身につけたのかをふりかえる活動です。グループでの話し合いを通して、これまでに様々なことを身につけてきた自分を肯定的に捉え、さらに良い生活を目指すためにはどうするか考えることがねらいです。

準備するもの　教師：ワークシート

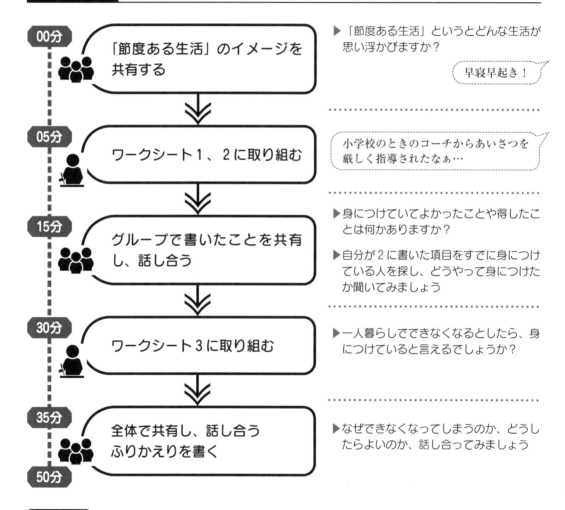

00分　「節度ある生活」のイメージを共有する	▶「節度ある生活」というとどんな生活が思い浮かびますか？ 　早寝早起き！
05分　ワークシート1、2に取り組む	小学校のときのコーチからあいさつを厳しく指導されたなぁ…
15分　グループで書いたことを共有し、話し合う	▶身につけていてよかったことや得したことは何かありますか？ ▶自分が2に書いた項目をすでに身につけている人を探し、どうやって身につけたか聞いてみましょう
30分　ワークシート3に取り組む	▶一人暮らしでできなくなるとしたら、身につけていると言えるでしょうか？
35分　全体で共有し、話し合う　ふりかえりを書く 50分	▶なぜできなくなってしまうのか、どうしたらよいのか、話し合ってみましょう

先生方へ

　「節度、節制」についての道徳の授業は、「スマホを使いすぎないようにしましょう」などのお説教のような内容になりがちです。この授業では、自分が身につけてきたものを肯定的に捉えるところから始まります。そしてそれらは他者からの働きかけの結果、身体化されたものであることをふまえ、どのようによりよい生活習慣を獲得していくのか考えます。またワークシート3では、人間の意志の弱さについてもふれています。この部分を広げ、次の時間に「D　よりよく生きる喜び」に関する哲学対話などを行ってもよいでしょう。

いつ身につけた習慣？

クラス（　　）番号（　　）　氏名（　　　　　　　　　）

◆次の項目は「節度ある生活」から連想する内容を集めたものです。

毎朝決まった時間に起きる	バランスのよい食事をとる	適度に運動をする
自分からあいさつをする	身なりを清潔に保つ	夜更かしをしない
病気を予防する	計画的にお金を使う	スマホ・PC を適度に使う
ケガしそうなことをしない	時間を意識して行動する	身の回りを整理整頓する

　これらの項目は、一人で勝手にできるようになるものではありません。人生のどこかで、家庭や学校で教わったり、他の人の行動を見て真似したりすることで、学んだ結果できるようになるものです。

1．自分がすでに身につけている（誰かに言われなくても自然と実行できる）ものを３つ選び、いつ頃どのように身につけたのかをふりかえってみましょう。

〔　　　　　　　　　　〕＿＿＿＿＿＿＿＿＿＿＿＿＿＿＿＿

〔　　　　　　　　　　〕＿＿＿＿＿＿＿＿＿＿＿＿＿＿＿＿

〔　　　　　　　　　　〕＿＿＿＿＿＿＿＿＿＿＿＿＿＿＿＿

2．18 歳までに身につけたい項目と、その理由を考えましょう。

〔　　　　　　　　　　〕＿＿＿＿＿＿＿＿＿＿＿＿＿＿＿＿

3．18 歳になり、一人暮らしを始めたと想像してください。昔はできていたのに、できなくなっている項目はどれですか。理由も一緒に考えてみましょう。

〔　　　　　　　　　　〕＿＿＿＿＿＿＿＿＿＿＿＿＿＿＿＿

ふりかえり：1〜3の内容をふまえ、悪い習慣を避けるための方法を具体的に考えましょう。

楽しみながら理想の自分について考えてみたいときに
カードで探す「理想の自分」
【A　希望と勇気、克己と強い意志】

　良い性格や価値観を表す様々な言葉をカードに書き、それを使ってゲームをします。目標や理想を持つことが苦手な人も、楽しみながら理想の自分を思い描いてみましょう。

準備するもの 教師：ワークシートA・B　生徒：はさみ

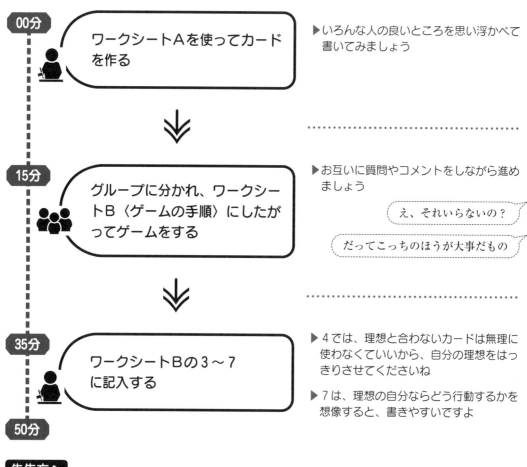

00分 ワークシートAを使ってカードを作る
▶いろんな人の良いところを思い浮かべて書いてみましょう

15分 グループに分かれ、ワークシートB〈ゲームの手順〉にしたがってゲームをする
▶お互いに質問やコメントをしながら進めましょう

え、それいらないの？

だってこっちのほうが大事だもの

35分 ワークシートBの3〜7に記入する
▶4では、理想と合わないカードは無理に使わなくていいから、自分の理想をはっきりさせてくださいね
▶7は、理想の自分ならどう行動するかを想像すると、書きやすいですよ

50分

先生方へ

　ゲームは4〜6人程度で行う想定です。元々自分の目標を考えることが苦手な生徒でも、自分の中にない言葉に触れることで、自分の可能性に気づき、表現できるようになることが大切です。3つの言葉の選び方や語義の正確な理解よりも、それをヒントにしながら、自分の理想像や目標を自分の言葉で表現できるようになっているかを見取ります。

●参考文献・先行実践
　"PERSONAL VALUES CARD SORT" https://motivationalinterviewing.org/personal-values-card-sort
　「wevox values card」https://wevox.io/valuescard

カードで探す「理想の自分」～ワークシートＡ

1．人の良い性格や価値観を表す言葉を、下の６つの枠に１つずつ書き入れてみましょう。
   ＜ヒント＞
   ・親しい友達や、自分の家族、あこがれの人など、いろんな人を思い浮かべましょう。
   ・わかりやすいように、短い言葉で書くようにしましょう。
   （例：「真面目」、「平和主義」、「ユーモアがある」…など、たくさんあります！）

2．６つの枠に書き入れたら、実線に沿って切り出して、６枚のカードを作りましょう。
   ・カードの量が少ないとゲームが面白くなくなってしまいます。周りの人と似た意味の言葉でもいいので、必ず一人６枚は作りましょう。

カードで探す「理想の自分」～ワークシートB

クラス（　　）番号（　　）氏名（　　　　　　　　　）

終了時点での手札が「なりたい自分」を表す3枚になることを目指すゲームです。

＜ゲームの手順＞
① グループ全員のカードを集めて、シャッフルして**一人3枚ずつ配ってください。**
　余ったカードは山札にします。
② 自分の順番が来たら、まず、**山札か、他の人の捨てた**
　カードから1枚引きます。
③ 次に、手札を見て、「なりたい自分」と最も離れている
　1枚を選んで捨ててください。捨て札は表向きにきれ
　いに並べ、他の人が見やすいようにしましょう。
④ 順番に進めて、山札がなくなったらゲーム終了です。

3．終了時に手札にあるカードの言葉を A～C の枠に書いてください。

A	B	C

4．A～C の3つの言葉を使って、「なりたい自分」を詳しく説明してください。

_____

_____

5．A～C のうち、いまの自分が最も達成できているものはどれでしょう？

6．「なりたい自分」と比べて、今の自分が達成できていないものは A～C のどれですか？

　5：_____　　6：_____

7．「なりたい自分」に近づくために、自分で自分に宿題を出すとしたらどんなことです
　か？　いまの自分が、今日から取り組めそうなものを具体的に書きましょう。

_____

_____

_____

授業はどうやって進めればいい？

❖これまでの授業のやり方にとらわれなくてもいい

みなさんが中学生の頃に受けた道徳の授業は、どのような感じで進められていましたか？まずはみんなで教科書（副読本）の文章を音読して、次に先生の解説を聞いたり、発問に答えたりしながら理解を深めていく。さらに、その回の授業テーマと関係の深い先生自身の経験談を聞いたりして、最後に短い感想文や決意表明文を書く——このような展開の授業が典型的だったのではないでしょうか。以上のように「教材を読む」→「理解する」→「感想やふりかえりを書く」と展開していくのが、これまでの道徳授業の一般的な「型」であったように思われます。

以上の「型」は、多くの先生方の長年にわたる教材研究と実践経験を通して確立されていったものであり、道徳の授業の進め方として洗練されているものの一つです。しかしここで、現在の中学校で求められている道徳教育のあり方が以前と変化しているということを、もう一度思い出してください。序章で述べたように、価値観が多様化して道徳に「一つの答え」が見出せなくなっている現代社会において、それでもそうした問題と誠実に向き合って「考え、議論する」ことが、現代の道徳教育に求められていることなのです。

だとすれば、これまで一般的に行われてきた授業の進め方であっても、私たちはそのすべてを丸ごと踏襲する必要はありません。生徒たちが主体的に"楽しく"「考え、議論する」ことに取り組めるようにするために、授業の進め方は先生方一人ひとりがもっと自由にアレンジして、創意工夫を加えていってよいのです。

❖「議論」や「アクティブ・ラーニング」にこだわりすぎなくてもいい

一方で、「考え、議論する」道徳授業が求められているからといって、そのことを過剰に意識して肩肘を張る必要もありません。たとえば、毎回必ず議論の時間を設けなければならないとか、アクティブ・ラーニングを組み込まなければならないとかと決めつけて無理をして、「どうしよう……」と思い悩む必要はありません。

議論やアクティブ・ラーニングは、生徒が主体的に道徳的な問題と向き合うための有効な方法ですが、どんなときでもうまくいく「魔法の杖」ではありません。むしろ、クラスの人間関係や生徒の発達段階によって成否が大きく左右される授業方法でもあり、教師にとっては心理的・体力的に「疲れる」ものでもあります。このため、全ての授業に議論やアクティブ・ラーニングを取り入れようと意識すればするほど、そのプレッシャーで道徳の授業を楽しめなくなる先生も多いはずです。これでは「"ラク"で"楽しい"道徳の授業」どころではないですし、何よりもそうした教師の「しんどさ」「余裕のなさ」は必ず生徒にも伝わるので、授業はますます盛り上がりを欠くようになります。

「考え、議論する」道徳を行う上での教師の最大の心構えは、教師自身がゆっくり、自由に、楽しんで、生徒とともに「考え、議論する」ことです。そのためには、先生自身が余裕をもって道徳の授業を"楽しもう"と思えることが、何よりも大切なことなのです。

❖先生自身も自由に考えていいし、生徒と楽しく議論していい

本書には、先ほど述べた「型」に必ずしもとらわれていない自由な展開の授業プランが

たくさん収められています。「ラクイチ」流の「考え、議論する」道徳授業の具体的な進め方は、そちらを参照してもらうことにして、ここでは特に重要なポイントに的を絞ってコメントします。

　まず、教材の使い方について。道徳科の内容項目とは、生徒たちがそれを巡って考えたり議論したりするテーマであり、そのテーマを生徒たちにわかりやすく示すための道具が教材です。したがって、道徳の授業では、教材を理解することが授業の中心にならないように注意する必要があります。道徳の授業の中心にあるべきなのは、その回の授業のテーマである内容項目について、生徒と教師がともに考え議論しながら、一緒に探究を深めていくという活動です。教材はあくまでも、そうした探究を行うための「材料」「素材」であると理解するとよいでしょう。

　次に、議論の進め方について。ここで一番強調しておきたいのは、授業ごとに「落とし所」を決めて、そこに流し込むように議論を進めなくてもいいということです。たとえば、「友情、信頼」の授業なら『友達は大事』、「自然愛護」の授業なら『自然を大切にしよう』——こんなふうに、議論する前から教師が結論をあらかじめ決めてしまって、そこに導くように議論を誘導することは、「考え、議論する」道徳の理念から最も遠く離れていると言わざるをえません。子どもたちは、こういう種類の「議論」に対して驚くほど敏感です。教師の想定する「筋書き」が少しでも見えると、それに沿った発言しかしなくなり、いくら議論しても、最後は必ず教師が事前に決めていた結論に向かって収束するようになってしまうのです。一見するとうまくいっているように見えるかもしれませんが、これこそが「児童生徒に望ましいと思われる分かりきったことを言わせたり書かせたりする授業」として批判されているものそのものです。

　したがって、道徳の授業で行う議論は、決して「結論ありき」であってはなりません。それゆえ、教師も事前に「議論の筋立て」を計画する必要はありません。では、どのように議論を進めて、授業として成立させればよいのでしょうか？

　多様な考えの可能性のあるテーマについて議論するのですから、生徒を一つの方向に導くように「発問」するのではなく、単純に教師も一人の参加者となって、生徒と一緒になってあれこれ自由に考え、発言すればいいのです。例えば、「友達は全然いないとすごく心細いけど、たくさんいすぎても気を使って疲れちゃう。どういう種類の友達がどのくらいいるといいんだろう？みんなはどう思う？」というように、教師も「唯一の答え」を知っているわけではないことを率直に認め、だからこそ素朴な「疑問」を重ねることで、生徒と一緒に問題を探究していくのです。このときに教師に求められる専門性とは、生徒の多様な意見を尊重する態度を取ることであり、わからないことを「わからない」と率直に認めて質問することであり、否定や批判のためではなく考えを深めるための議論のお手本を示すことです。それは何よりも、教師自身がゆっくり、自由に、楽しんで生徒とともに「考え、議論する」ことなのです。

　最後に、授業の終わり方について。道徳の授業で求められているのは以上のようなタイプの議論なので、授業の最後に全員の議論をまとめて一つの結論を出す必要はありません。生徒の心に残る「訓話」や「体験談」を、毎回必ず話す必要もありません。それよりも生徒が議論を通してそれぞれ考えたことを文章で書いて整理したり、議論のやり方をふりかえったりするほうが効果的です。教師は生徒が書いたものを読んで、それぞれの多様な考え方を尊重しつつ、教師自身の率直な考えをコメントして生徒に戻したり、いくつかの意見を次の授業で紹介したりするとよいでしょう。

2章

いろんなものが教材になる

写真を使って人それぞれの感じ方を共有する

写真で自分の感情分析！

【D　感動、畏敬の念】

　大自然や大災害、建造物の写真を見て感じたことを言葉にし、整理する中で、自分の感じ方の理解を深めます。また、それを他者と伝え合う中で、どのようなことに畏敬や感動を抱くのか、または抱かないのかをより深く理解することが目標です。

準備するもの　教師：ワークシート、写真（大きくカラー印刷するか、プロジェクターで投影する）

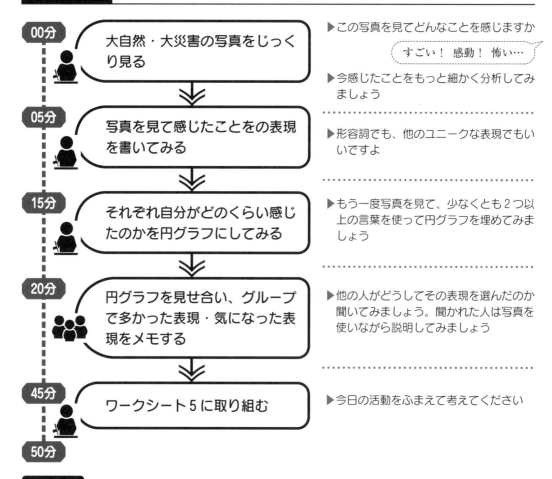

00分　大自然・大災害の写真をじっくり見る

▶この写真を見てどんなことを感じますか

　すごい！ 感動！ 怖い…

▶今感じたことをもっと細かく分析してみましょう

05分　写真を見て感じたことをの表現を書いてみる

▶形容詞でも、他のユニークな表現でもいいですよ

15分　それぞれ自分がどのくらい感じたのかを円グラフにしてみる

▶もう一度写真を見て、少なくとも2つ以上の言葉を使って円グラフを埋めてみましょう

20分　円グラフを見せ合い、グループで多かった表現・気になった表現をメモする

▶他の人がどうしてその表現を選んだのか聞いてみましょう。聞かれた人は写真を使いながら説明してみましょう

45分　ワークシート5に取り組む

▶今日の活動をふまえて考えてください

50分

先生方へ

　写真は教師が自由に選択してください。参考文献にあるサイト（Pixabay）で検索することもできます。動画でもかまいません。共有の仕方はプロジェクターなどを活用してください。そのとき、ポジティブ・ネガティブのどちらも感じられる写真を選ぶと様々な表現が期待できます。この授業では、円グラフなどから、生徒が感じた畏敬の念などを自分で分析し、自分に合った仕方で表現できているかを評価することができます。この活動の意義については「学習活動①心情円」を参照してください。

●**参考文献・先行実践**

　授業で使用する写真は、教科書に見開きで掲載されている写真の他に、自分が旅行先で撮ってきた写真、ウェブサイトにある写真（おすすめ検索ワード：大自然、災害写真）などが使えます。（例：Pixabay で「ナイアガラの滝」の写真を検索 https://pixabay.com/ja/photos/）

写真で自分の感情分析！

クラス（　　）番号（　　）　氏名（　　　　　　　　　　）

1. 【一人】写真をじっくり見てみよう。

2. 【一人】写真を見て感じたことの表現を書いてみよう。

＜感じたことの表現リスト＞
例：おそろしい、おごそか

3. 【一人】それぞれどの
　くらい感じたのかを円グ
　ラフにしてみよう。

4. 【グループ】グループで円グラフを見せ合い、他の人の表現をメモしてみよう。

＜グループで多かった表現・気になる表現＞

5. どういう時に／どんなものに人は感動するのでしょうか？

18 美しさランキング

絵画を使って美のとらえ方の違いを体感する

【B　相互理解、寛容】

　古今東西のいろいろな絵画・写真を鑑賞します。みんながどこに注目して「美しさ」を感じているのかを共有することで、人それぞれに感じ方や価値観が多様であることを体験します。

準備するもの　教師：ワークシート、絵画や写真など5〜10枚（大きくカラー印刷するか、プロジェクターで投影する）

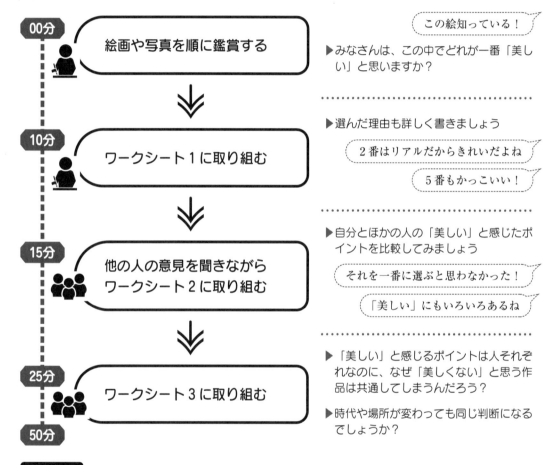

00分　絵画や写真を順に鑑賞する

この絵知っている！

▶みなさんは、この中でどれが一番「美しい」と思いますか？

10分　ワークシート1に取り組む

▶選んだ理由も詳しく書きましょう

2番はリアルだからきれいだよね

5番もかっこいい！

15分　他の人の意見を聞きながらワークシート2に取り組む

▶自分とほかの人の「美しい」と感じたポイントを比較してみましょう

それを一番に選ぶと思わなかった！

「美しい」にもいろいろあるね

25分　ワークシート3に取り組む

50分

▶「美しい」と感じるポイントは人それぞれなのに、なぜ「美しくない」と思う作品は共通してしまうんだろう？

▶時代や場所が変わっても同じ判断になるでしょうか？

先生方へ

　生徒に見せる作品は絵画や写真の他に現代アートなどの系統の異なる作品を合わせるとより多様な考えが出てきやすいです。美術室にある名画集や作品のレプリカをもってきて見せてもよいでしょう。その際は作品名を隠して見せることで先入観にとらわれることなく価値判断をすることができます。評価については、美しいと思うものが人によって異なることに気づき、それを受け入れられているかを生徒の様子やワークシートから見取ります。

●参考文献・先行実践

パブリックドメインQ　https://publicdomainq.net/
（生徒に示す作品の例）ゴッホ《星月夜》、ラッセン《星に願いを》、葛飾北斎《神奈川沖浪裏》、デュシャン《泉》、ウォーホル《ブリロ・ボックス》など

美しさランキング

クラス（　　）番号（　　）　氏名（　　　　　　　　　）

1．自分が「美しい」と思う順で番号を書こう。

1位【　　　】　2位【　　　】　3位【　　　】

理由（なぜその順番にしたのだろう？）

2．他の人がなぜその順番にしたのかインタビューしてみよう。

名前　　　　　　　　　メモ

（　　　　　　　　　）＿＿＿＿＿＿＿＿＿＿＿＿＿＿＿＿＿＿＿＿

＿＿＿＿＿＿＿＿＿＿＿＿＿＿＿＿＿＿＿＿

（　　　　　　　　　）＿＿＿＿＿＿＿＿＿＿＿＿＿＿＿＿＿＿＿＿

＿＿＿＿＿＿＿＿＿＿＿＿＿＿＿＿＿＿＿＿

（　　　　　　　　　）＿＿＿＿＿＿＿＿＿＿＿＿＿＿＿＿＿＿＿＿

＿＿＿＿＿＿＿＿＿＿＿＿＿＿＿＿＿＿＿＿

（　　　　　　　　　）＿＿＿＿＿＿＿＿＿＿＿＿＿＿＿＿＿＿＿＿

＿＿＿＿＿＿＿＿＿＿＿＿＿＿＿＿＿＿＿＿

3．インタビューをもとに、どのようなものが「美しい」と言えるのかグループで話し合ってみよう。

〈話し合いのメモ〉

マンガを使ってよく考える習慣を身につける

マンガから始める《問い》づくりワーク

【A　真理の探究、創造】

　マンガを読んで気になったことを疑問文の形に整理して、みんなで考えたくなる魅力的な問いを作ります。日常の素朴な体験の中から問いを見つけ出して、それをきっかけに日頃からよく考える習慣を身につけたり、真理を探究する姿勢を養うことがねらいです。

準備するもの　教師：ワークシート、マンガのコピー

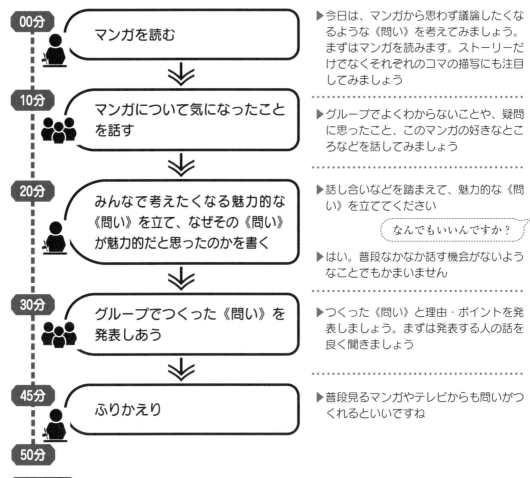

00分	マンガを読む	▶今日は、マンガから思わず議論したくなるような《問い》を考えてみましょう。まずはマンガを読みます。ストーリーだけでなくそれぞれのコマの描写にも注目してみましょう
10分	マンガについて気になったことを話す	▶グループでよくわからないことや、疑問に思ったこと、このマンガの好きなところなどを話してみましょう
20分	みんなで考えたくなる魅力的な《問い》を立て、なぜその《問い》が魅力的だと思ったのかを書く	▶話し合いなどを踏まえて、魅力的な《問い》を立ててください

なんでもいいんですか？

▶はい。普段なかなか話す機会がないようなことでもかまいません

30分	グループでつくった《問い》を発表しあう	▶つくった《問い》と理由・ポイントを発表しましょう。まずは発表する人の話を良く聞きましょう
45分	ふりかえり	▶普段見るマンガやテレビからも問いがつくれるといいですね
50分		

先生方へ

　先生や生徒の関心・ねらいに合わせてマンガを選ぶことができます。短くまとまっていて、事前知識が必要なく、読んだ後他の人と話し合いをしたくなるようなものが望ましいです。ただし出版物ですので、複製の範囲など著作権に留意してください。生徒の考えた《問い》とそれを考えたい理由をもとに、身近なものについても真剣に探究しようとする姿勢が見られるかどうかを評価することができます。次の時間にそれらの《問い》について実際に議論するのもよいでしょう。

●参考文献・先行実践

　教材になる作品については、巻末のおすすめ教材リストを参照してください。

マンガから始める《問い》づくりワーク

( )組（ ）番 氏名（ ）

1. マンガを読んでみよう。

　普段よりもゆっくり読み、それぞれの絵やセリフ、登場人物の考えなどに注目してみましょう。気になった点があればメモしましょう。

〈メモ〉

2. 【グループ】マンガについて気になったことを話し合ってみよう。

　疑問に思うことやわからないこと、このマンガの好きなところ、自分だったらどうするかなどを話してみてください。話したことを忘れないようにメモしましょう。

〈メモ〉

3. 【一人】みんなで考えたくなる《問い》を立ててみよう。

　グループの話し合いなどを踏まえて、みんなで考えたくなる魅力的な《問い》、もっと考えてみたい《問い》を考えてみましょう。グループでまだ話していない《問い》でも、マンガや話し合いをきっかけに思い出した、日ごろから気になっている《問い》でもかまいません。

《問い》
みんなで考えたくなると思った理由・《問い》のポイント

4. 【グループ】グループで問いを発表してみよう。

ふりかえり

　問いを作るのは簡単でしたか、難しかったですか。そう感じた理由も書いてください。

....

....

....

20 イラストを題材に死や生について考える
哲学カレンダーを使ってプチ哲学体験！

【D　生命の尊さ】

『まいにち哲学カレンダー』のイラストを使った授業プランです。「死」に関する問いについて、まずは一人で考え、後半ではイラストを見ながら死や生、命についての対話を行います。イラストという視覚情報を加えることで、言葉だけで考えたときにはなかった新たな気づきを得たり、考えを深めたりすることをねらっています。

準備するもの　教師：ワークシート、イラスト（56ページ）のコピー

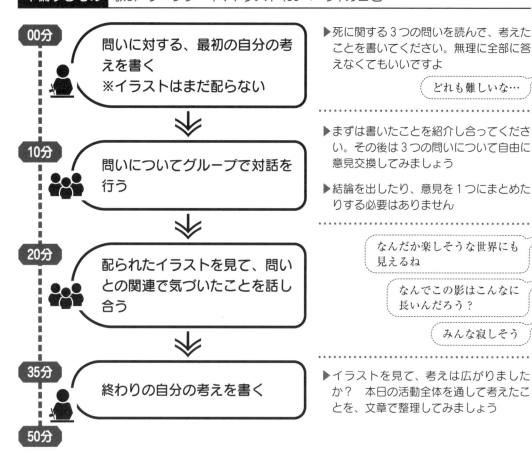

00分
問いに対する、最初の自分の考えを書く
※イラストはまだ配らない

▶死に関する3つの問いを読んで、考えたことを書いてください。無理に全部に答えなくてもいいですよ

どれも難しいな…

10分
問いについてグループで対話を行う

▶まずは書いたことを紹介し合ってください。その後は3つの問いについて自由に意見交換してみましょう

▶結論を出したり、意見を1つにまとめたりする必要はありません

20分
配られたイラストを見て、問いとの関連で気づいたことを話し合う

なんだか楽しそうな世界にも見えるね

なんでこの影はこんなに長いんだろう？

みんな寂しそう

35分
終わりの自分の考えを書く

▶イラストを見て、考えは広がりましたか？　本日の活動全体を通して考えたことを、文章で整理してみましょう

50分

先生方へ

　3つの問いは、死について自由にディスカッションするための観点です。無理に全部に答えなくても構いません。テーマに対してどれだけ考えることができたか、対話やイラストをきっかけにしてどのように考えを広げることができたかをワークシートの記述から見取ります。57ページのイラストでは「A　希望と勇気、克己と強い意志」についての授業を行うことができます（問いの例：どんな人でも頑張ればどんな夢でも叶うかな？夢の実現のジャマをするものは何？大人はなぜ「夢を追いかけるのは大事」って言うんだろう？など）。

●**参考文献・先行実践**
　土屋陽介監修　イクタケマコト編著『みんなで考え、話し合おう　まいにち哲学カレンダー』（学事出版、2018年）

哲学カレンダーを使ってプチ哲学体験！

クラス（　　）番号（　　）　氏名（　　　　　　　　　　　　）

「死」について対話するための問い
　① 死んだら人はどうなるの？
　② 「満足のいく死」ってどんなもの？
　③ 人はなぜ死をおそれるのだろう？

1．最初の自分の考え

　3つの問いについて、考えたことを書きましょう。

2．グループ対話

　書いた内容について、グループで話し合ってみましょう。

3．イラストを見てグループ対話

（対話のヒント）

・イラストの中で、興味をひかれたところ、不思議に思ったところはどこでしょう？

・イラストの中に、問いや話し合った内容と結びついているように思える箇所はありますか？

・イラストをもとにして、問いについての新たな気づきや考えは生まれましたか？

4．終わりの自分の考え

　本日の活動全体を通して、死や生、命について考えたことを文章で整理しましょう。

　よりわからなくなった、さらに疑問が浮かんだ、という内容でもかまいません。

1　死んだら人はどうなるの？

2　「満足のいく死」ってどんなもの？

3　人はなぜ死をおそれるのだろう？

1　どんな人でも頑張ればどんな夢でも叶うかな？

2　夢の実現のジャマをするものは何？

3　大人はなぜ「夢を追いかけるのは大事」って言うんだろう？

新聞を使ってそれぞれの価値観について考える

21 怒り新聞

【C　公正、公平、社会正義】

　新聞の中から「怒り」を覚える記事を見つけ出し、腹が立つ理由を考えて、互いに共有します。不正への怒りは、自分の正義感などの価値観を発見することにつながり、価値観を共有することで相互理解にもつながります。

準備するもの　教師：ワークシート、新聞（生徒の人数分）　生徒：はさみ（各自）

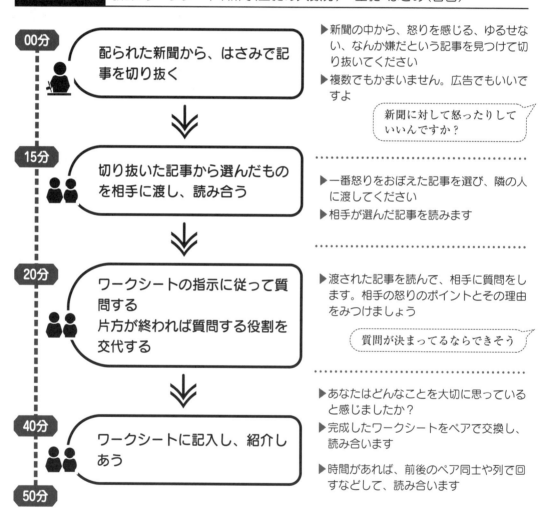

00分
配られた新聞から、はさみで記事を切り抜く

▶新聞の中から、怒りを感じる、ゆるせない、なんか嫌だという記事を見つけて切り抜いてください
▶複数でもかまいません。広告でもいいですよ

　新聞に対して怒ったりしていいんですか？

15分
切り抜いた記事から選んだものを相手に渡し、読み合う

▶一番怒りをおぼえた記事を選び、隣の人に渡してください
▶相手が選んだ記事を読みます

20分
ワークシートの指示に従って質問する
片方が終われば質問する役割を交代する

▶渡された記事を読んで、相手に質問をします。相手の怒りのポイントとその理由をみつけましょう

　質問が決まってるならできそう

40分
ワークシートに記入し、紹介しあう

▶あなたはどんなことを大切に思っていると感じましたか？
▶完成したワークシートをペアで交換し、読み合います
▶時間があれば、前後のペア同士や列で回すなどして、読み合います

50分

先生方へ

　新聞は図書館などにある廃棄候補のものを使用することができます。こども新聞があるとなおよいです。また、学校で新聞アーカイブサービスなどを契約していれば、活動全体をオンラインで実施することも可能です。新聞を正確に読み取ることが目的ではありませんが、NIE（News-paper in Education）にも応用可能です。完成したワークシートは生徒の価値観を教えてくれます。学級運営に活用してください。

怒り新聞

クラス（　　　）番号（　　　）氏名（　　　　　　　　　）

1．受け取った記事に対して質問をしよう。（5〜10分交代）

①この記事のどこに怒っているの？

　回答例：「俳優のＡさんが事故にあった記事だけど、バイクのひき逃げなのが許せない！」

②なぜ怒っているの？

　回答例：「ひき逃げはひきょうだから」

　　　　　「Ａさんのファンだから」

③なぜその理由で怒るの？

　回答例：「バイクに乗る以上もつべき責任があって、そこから逃げたから」

　　　　　「Ａさんに元気をもらっている人の気持ちをふみにじる行為だから」

④インタビューのつもりで自由に質問してみましょう。

　困ったら次の質問を参考に。相手がよく考えられるよう、うまく質問してみよう。

　◆この記事について…

　・いっしょに怒ってほしい人はいる？

　・この記事について、もっと怒っている人はいる？（ぜんぜん怒らないひとはいる？）

　・この記事と同じような経験はある？

　・この記事について、どんな新事実がわかったら、怒ったのを後悔する？

　・どうすれば怒りがおさまる？

　◆この記事以外で…

　・他の記事はどんなもの？共通点はある？

　・あなたが一番怒ることは？

　・多くの人は怒るけど、意外と自分は平気なものは？

2．あなたが怒るのは、あなたが大切にしている思いや考えが傷つけられるからです。

　　今日の授業をふりかえって、「自分が大切にしていること」を書きましょう。

情報モラルについて学ぶ
ウソニュース

【情報モラル（A　真理の探究、創造）】

　メディアリテラシーについて学び、メディアとの付き合い方やウソについて考えるための授業例です。ウソをついてはいけない、と考えを止めるのではなく、そもそもウソにはどのような特徴があるのか、ウソをつく意図がなくても結果的にウソになってしまうのはどういうときか、などさらに考えを深めていきましょう。

準備するもの　教師：ワークシート（虚構新聞からのコピー）

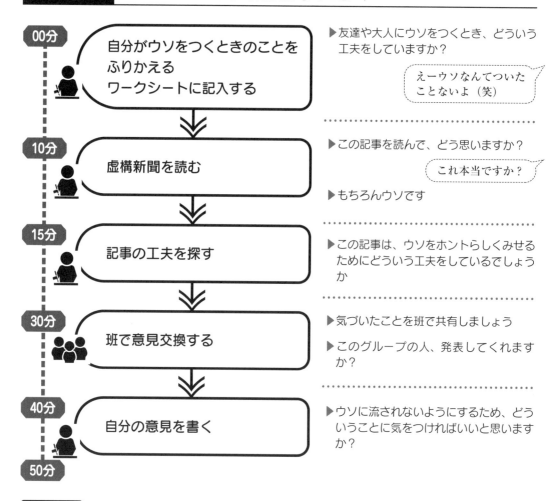

00分	自分がウソをつくときのことをふりかえるワークシートに記入する	▶友達や大人にウソをつくとき、どういう工夫をしていますか？
		えーウソなんてついたことないよ（笑）
10分	虚構新聞を読む	▶この記事を読んで、どう思いますか？
		これ本当ですか？
		▶もちろんウソです
15分	記事の工夫を探す	▶この記事は、ウソをホントらしくみせるためにどういう工夫をしているでしょうか
30分	班で意見交換する	▶気づいたことを班で共有しましょう
		▶このグループの人、発表してくれますか？
40分	自分の意見を書く	▶ウソに流されないようにするため、どういうことに気をつければいいと思いますか？
50分		

先生方へ

　メディアが意図的に偏った報道を行った歴史や、ウソをつく意図がなくても結果的に誤った情報を流してしまった事例が多くあります。可能であれば、授業の後半でそういう事例を紹介するようにしてください。それらをふまえた上で最後の意見を書くように促すと、学びが深まります。

●参考文献・先行実践
　虚構新聞（https://kyoko-np.net/）2020年7月28日の記事をワークシートに使用しています。

ウソニュース

クラス（　　）番号（　　）　氏名（　　　　　　　　　　　　）

1．ウソをつくとき、どんな工夫をしていますか。

2．次の記事では、ウソをホントらしく見せるために、どんな工夫をしていますか。

横断歩道をぐるぐる…　立ち往生の児童ら１４人救出　滋賀・南おうみ市

何者かに横断歩道が書き換えられた堂巡交差点

２７日午前８時ごろ、滋賀県南おうみ市で「子供たちが横断歩道内をぐるぐる回り続けている」と１１０番通報があり、駆け付けた署員が立ち往生した児童ら１４人を救出、保護した。全員けがはなかった。横断歩道の模様が途中で弧を描くように書き換えられていたことから、南おうみ署では何者かによるいたずらと見て調べを進めている。

立ち往生が起きたのは同市の堂巡交差点。通報した男性によると「通学中の子どもたちが困った顔で横断歩道をぐるぐる回りながら歩いていた」という。事故があった横断歩道は途中から大きく左にカーブを描いており、児童らは模様に沿って歩き続けて抜け出せなくなったものとみられる。

通報を受けた南おうみ署員が白線を書き足して分岐させて安全な場所まで誘導し、児童１３人と成人男性１人を救出。中には２時間近く横断歩道を回り続けていた児童もいた。

模様を無視して直進しなかった理由について、救出された男子児童（１０）は「横断歩道の白いところ以外は溶岩になっていて、踏んだら死ぬルールだから」と説明している。また別の男性（４８）も「このまま横断歩道から一生抜け出せないのではないかと心臓が止まる思いでした」と当時の心境を語った。

南おうみ署では横断歩道の白い部分だけを選んで歩く習性を持つ児童や童心の抜けない大人を狙った悪質な犯行とみて、２６日未明の状況をくわしく調べている。

（虚構新聞 https://kyoko-np.net/）

3．メディアのウソに流されないために、どんなところに気をつければよいでしょうか。

4．ウソをつく意図がなくても結果的にウソになってしまうケースにはどのようなものがありますか。またそれを避けるためにはどうしたらよいでしょうか。

23

絵本を題材にして友情について考える

なぜあらそうの？

【B　友情、信頼】

　ニコライ・ポポフ『なぜあらそうの？』を教材にした授業プランです。この絵本は文字がなく、多様な観点から読むことができるため、おすすめの教材です。絵本をもとにみんなで問いを立て、クラスでの話し合いを通して友情や信頼についての理解を深めます。

| 準備するもの | 教師：ワークシート、絵本 |

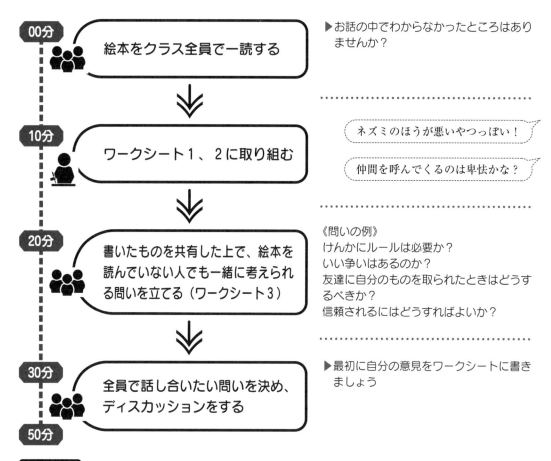

00分 絵本をクラス全員で一読する

▶お話の中でわからなかったところはありませんか？

10分 ワークシート1、2に取り組む

ネズミのほうが悪いやつっぽい！

仲間を呼んでくるのは卑怯かな？

20分 書いたものを共有した上で、絵本を読んでいない人でも一緒に考えられる問いを立てる（ワークシート3）

《問いの例》
けんかにルールは必要か？
いい争いはあるのか？
友達に自分のものを取られたときはどうするべきか？
信頼されるにはどうすればよいか？

30分 全員で話し合いたい問いを決め、ディスカッションをする

▶最初に自分の意見をワークシートに書きましょう

50分

先生方へ

　絵本を材料にしつつも、絵本を読んでいない人でも一緒に考えられる「一般化された問い」を自分たち自身で作ることが大切です。このことにより自ら考え議論するために必要不可欠な問いづくりのスキルを身につけます。様々な絵本を使って、また絵本以外にも詩や音楽（歌詞）や短い映像作品などを使って、同様の授業をすることもできます。絵本から自分なりの言葉で問いを立てているかどうか、絵本を読んでいない人でも一緒に考えられる一般化された問いを作れているかどうか、問いに対して自分の考えを持てているかどうか、といった点に注目して評価を行います。

●参考文献・先行実践
　ニコライ・ポポフ『なぜあらそうの？』（BL出版、2000年）

なぜあらそうの？

クラス（　　　　）番号（　　　　）氏名（　　　　　　　　　　）

1．作品を読んでの感想を書きましょう。

2．特に注目した点・疑問を挙げてみましょう。

3．『なぜあらそうの？』をもとにして、絵本を読んでいない人でも一緒に考えられる「問い」
を作ってみましょう。

4．クラスで話し合う問いについて、自分の考えを書いてみましょう。

ふりかえり：今日の話し合いを通して、友情や信頼について考えたことをまとめましょう。

24

絵本の問いかけから、言葉の使い方について考える

もしも話すことばが目に見えたら

【C　よりよい学校生活、集団生活の充実】

　おーなり由子さんの絵本『ことばのかたち』を使った授業プランです。この絵本には、言葉にまつわるたくさんの問いがあります。絵本で問われている問いに対して、自分なりの答えを考えたり、クラスで話し合いを行ったりします。言葉の捉え方の違いや、言葉の様々な側面について考え、その後の学校生活や集団生活に生かしていくことがねらいです。

準備するもの	教師：ワークシート、絵本

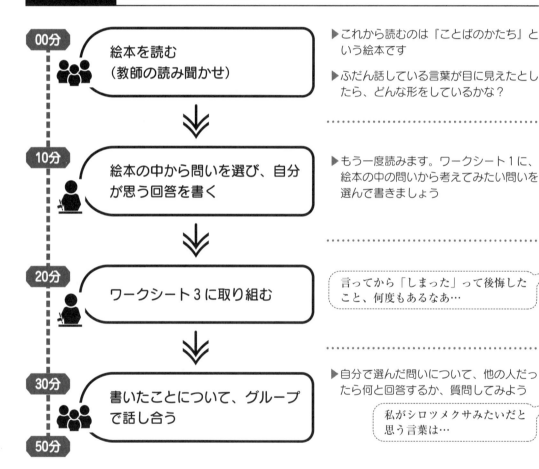

00分

絵本を読む
（教師の読み聞かせ）

▶これから読むのは『ことばのかたち』という絵本です

▶ふだん話している言葉が目に見えたとしたら、どんな形をしているかな？

10分

絵本の中から問いを選び、自分が思う回答を書く

▶もう一度読みます。ワークシート1に、絵本の中の問いから考えてみたい問いを選んで書きましょう

20分

ワークシート3に取り組む

言ってから「しまった」って後悔したこと、何度もあるなあ…

30分

書いたことについて、グループで話し合う

▶自分で選んだ問いについて、他の人だったら何と回答するか、質問してみよう

私がシロツメクサみたいだと思う言葉は…

50分

先生方へ

　『ことばのかたち』は「もしも　話すことばが　目に見えたら　どんなかたちをしているだろう」という問いかけから始まり、「大きくて　やわらかい花は　どんなことば？」など、言葉がどんなものにたとえられるかを色鮮やかな絵とともに読者に問いかけます。話合いでは、良い言葉、使ってはいけない言葉、などと単純に分類するのではなく、理由を問い合うことで、一つの言葉のもつ様々な側面や、言葉そのものがもつ性質について考えるよう促します。展開例として、次の時間に生徒たちが「目に見えたら」と思う言葉を一つ選んで絵に描いてみるなどの活動を行うと、より印象的な授業になるでしょう。

●参考文献・先行実践
　おーなり由子『ことばのかたち』（講談社、2013年）

もしも話すことばが目に見えたら

クラス（　　）番号（　　）　氏名（　　　　　　　　　　　）

1．絵本の中から考えてみたい問いを探そう。

| |
| |

例）「ありふれているけれどうれしい　シロツメクサのようなことば」って例えばどんなことば？
　　「やさしい真綿のようなことば」って例えばどんなことば？

2．上で選んだ問いについて、自分の回答や理由を考えよう。
〈回答〉

| |
| |

〈理由〉

....

....

....

3．絵本の中の、次の問いについて考えてみよう。
　　ことばに　かたちがないから　すくわれることは　なんだろう
　　かたちが　見えたら　うれしいと思う　ことばは　なんだろう
　　　　　　　　　　　　　　　　おーなり由子『ことばのかたち』

....

....

....

ふりかえり：今日の活動を通して「ことば」について考えたことを書こう。

....

....

....

25 自分たちの対話を客観的に見つめ直す
スパイダーウェブディスカッション
【B　相互理解、寛容】

　スパイダーウェブディスカッションでは、対話をするグループとその対話を記録・観察するグループ（エキスパート）に分かれて活動します。この授業では映像を教材として使用し、全員が「エキスパート」役として対話を観察します。対話を行う際のふるまいや環境について自覚的になること、よりよい対話とは何か、居心地の悪い対話とは何かなどついて考えることがねらいです。

準備するもの　教師：ワークシート、対話の映像、視聴覚機材、白紙（記録者の人数分）

事前準備
　対話を観察するための素材となる映像（授業での対話を様子を撮影した動画、ディスカッションが行われているTV番組など）を用意する。

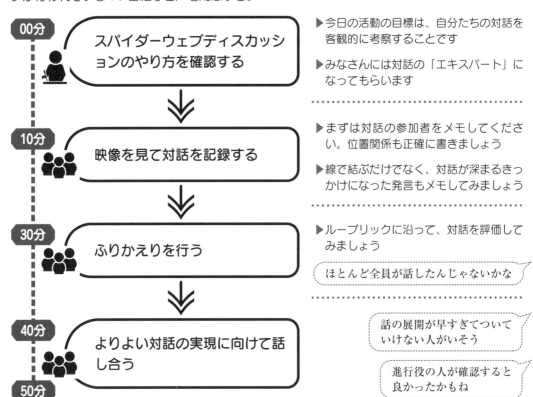

先生方へ
　対話の環境づくりや対話へのふりかえりを生徒たち自身で行える活動です。ルーブリックはその拠り所となります。ルーブリックを自分たちで作成するといった応用も可能です。より自由にふりかえる方法としては「金魚鉢対話」があります。「49　金魚鉢対話で話し合いを分析しよう」を参照してください。

●**参考文献・先行実践**
　アレキシス・ウィギンズ（著）、吉田新一郎（訳）『最高の授業　スパイダー討論が教室を変える』（新評論、2018年）

スパイダーウェブディスカッション

クラス（　　　）番号（　　　）　氏名（　　　　　　　　　　　　）

《準備》
・対話の参加者は円になって座る（８〜１２人程度が望ましい）。※
・エキスパートは円の外部に残る。※
・エキスパートは全対話者の名前を手元の紙に書いておく（位置関係を反映させる）。

《実践》
・対話のルーブリックを示し、対話中も忘れないように指示する。※
・２０分程度の対話を行う。テーマは事前に決めておくか、参加者同士で決める。※
・エキスパートは、対話の発言権の移行に沿って線で結びつづける。

《ふりかえり》
・ルーブリックに従って対話できたか、参加者だけで評価する（ex.５段階評価）。※
・参加者の評価が出たら、エキスパートおよび対話の記録を含めてもう一度評価を行う。
・二度の評価についてふりかえりを行う。※
・より良い対話の実現のために、より良くルーブリックを守れるようにするにはどうしたら
　よいかを話し合う。

※…参加者とエキスパートの２グループに分け、実際に対話も行う場合の活動。

ルーブリック…対話の評価ポイント

・全員が平等にテーマを意識して参加した。
・一度に話す人は一人で、良いペースで活発な
　話し合いだった。
・チーム内で出てきた疑問や質問はみんなで解
　決する努力ができた。
・小さなつぶやきも無視されず、おとなしい人
　にも発言しやすい雰囲気や声がけができた。
・だれかが話している時には、話し手が不快に
　なる態度や行動を取ることなく、何を言おう
　としているか一生懸命わかろうと努力できた。

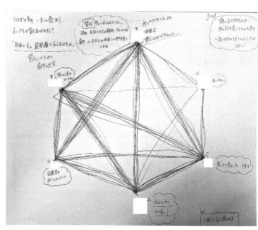

（生徒の作成したスパイダーウェブの例）

ふりかえり　　より良い対話を行うにはどうしたらよいでしょうか？

_____

_____

詩を題材に「生きる」とはどういうことか考える
0歳から100歳までの「生きる」

【D　生命の尊さ】

　谷川俊太郎の詩「生きる」を教材とした授業です。0歳から100歳までのうちの好きな年齢を選び、その年齢の人が考える「生きているということ」を言葉にします。様々な年齢での「生きる」を想像することで、「生きる」ことの意味の変化や、変わらないことについて考える機会とします。

| 準備するもの | 教師：ワークシート、詩を印刷したプリント |

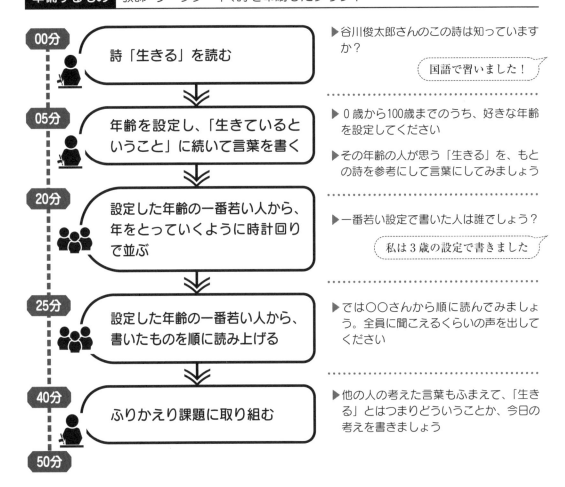

00分　詩「生きる」を読む

　▶谷川俊太郎さんのこの詩は知っていますか？

　　国語で習いました！

05分　年齢を設定し、「生きているということ」に続いて言葉を書く

　▶0歳から100歳までのうち、好きな年齢を設定してください

　▶その年齢の人が思う「生きる」を、もとの詩を参考にして言葉にしてみましょう

20分　設定した年齢の一番若い人から、年をとっていくように時計回りで並ぶ

　▶一番若い設定で書いた人は誰でしょう？

　　私は3歳の設定で書きました

25分　設定した年齢の一番若い人から、書いたものを順に読み上げる

　▶では○○さんから順に読んでみましょう。全員に聞こえるくらいの声を出してください

40分　ふりかえり課題に取り組む

　▶他の人の考えた言葉もふまえて、「生きる」とはつまりどういうことか、今日の考えを書きましょう

50分

先生方へ

　国語の授業ではないので、詩の読解に時間をかけなくても構いません。また、生徒の書くものは、言葉の選択やレトリックの優劣を競うものでもありません。中学生が普段から生きる意味について積極的に考えることはあまりないと思いますが、一種のロールプレイのような活動を通して「生きるとはどういうことか」という難問について多角的に考え、生きることの喜びや生命力を感じ直してほしいと思います。

●参考文献・先行実践
谷川俊太郎 with friends『生きる　わたしたちの思い』（KADOKAWA、2008年）

0歳から100歳までの「生きる」

クラス（　　　）番号（　　　）　氏名（　　　　　　　　　　　　）

テーマ：「生きる」とはどういうこと？

1. 谷川俊太郎さんの詩「生きる」を読み、〇〇歳の「生きる」を書いてみましょう。

《手順》
① 0歳〜100歳の好きな年齢を設定する。
② その年齢の人になりきって「生きているということ／いま生きているということ」の続きを書く。

設定した年齢【　　　　　　　　】歳

生きているということ
いま生きているということ

2. 「生きる」とは、つまり、どういうことですか？
　　今日やったことをすべてふまえて考えてみましょう。

名言から生きる指針を手に入れる

27 あなたの「金八語録」を作ろう

【D　よりよく生きる喜び】

　世の中には様々な「名言」があります。この授業ではその一例としてドラマ「金八先生」に登場する名言を教材にしています。共感する言葉や、道をふみ外しそうになった時に支えてくれそうな言葉を選び、お互いに理由を問い合うことを通して、自分が大切にしている価値観や、よりよい生き方について考える機会とします。

| 準備するもの | 教師：ワークシート |

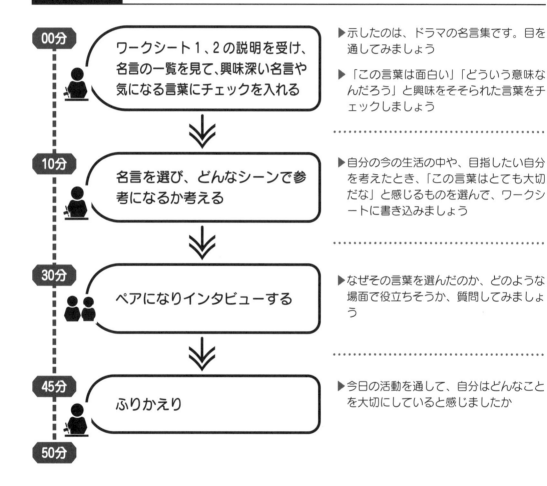

00分　ワークシート1、2の説明を受け、名言の一覧を見て、興味深い名言や気になる言葉にチェックを入れる

▶示したのは、ドラマの名言集です。目を通してみましょう

▶「この言葉は面白い」「どういう意味なんだろう」と興味をそそられた言葉をチェックしましょう

10分　名言を選び、どんなシーンで参考になるか考える

▶自分の今の生活の中や、目指したい自分を考えたとき、「この言葉はとても大切だな」と感じるものを選んで、ワークシートに書き込みましょう

30分　ペアになりインタビューする

▶なぜその言葉を選んだのか、どのような場面で役立ちそうか、質問してみましょう

45分　ふりかえり

▶今日の活動を通して、自分はどんなことを大切にしていると感じましたか

50分

先生方へ

　名言を選ぶ活動やインタビューを通して、自分が大切にしている価値観は何なのか、自分の心が弱くなったときにはどうすればよいか、などについて言語化していきます。「B　相互理解、寛容」と関連づけ、他者が大切にしている価値観を知る活動にすることもできます。

●参考文献・先行実践
　小山内美江子『金八語録〜ドラマの名言集〜』（角川書店、1996年）

あなたの「金八語録」を作ろう

クラス（　　　）番号（　　　）氏名（　　　　　　　　　　　）

1．以下のドラマ「金八先生」の名言から、気に入ったものを選びましょう。

① 人生は勝ち負けじゃない。負けたって言わない人が勝ちなのよ。

② 何でも謝って済むことではないけれど、謝れない人間は最低だ。

③ 大きな志を持つ者は小さな屈辱に耐えよ、耐えられるはずだ。

④ 立派な人にならなくてもいいの。どうか、感じの良い人になって下さい。

⑤ 私達は死ぬために生きているんじゃない。私達はこの世の中に生まれてきたのは、生きるためです。私たちが生まれてきたのは、生きているだけで十分に値打ちがあるものとして、生まれてきたんです。

⑥ 風をよけてたら、羽が強くならずに飛べなくなってしまうんだ。

⑦ 「人間」っていうのは、人と人の間で生きているから、「人間」っていうんじゃないかな。

⑧ 死ぬなんて言うな、お前死んだら俺は泣くぞ。

⑨ 友達がいるから楽しいんですよ。一人で遊んで、何が楽しいんですか。友達がいるからこそ、春も楽しい、夏も楽しい、秋も、いやぁー厳しい冬だって。友達がいれば、楽しい思い出になるんですよ。

⑩ 人を傷つけたら、必ず自分が傷つくことになる。

⑪ 夢見る力、これがこの国のたった一つの資源です。大いに夢を語り合って下さい。

⑫ 問題が起こったって良いじゃありませんか。彼らはまだ未熟なんです。だから間違うんです。間違ったら繰り返しそれは間違えだと教えてやる。それが教育なんです。

⑬ 人を好きになるのは柔らかい心を持っている証拠。

⑭ 道はいくらでもある。でもな、逃げ出せば、道は１つしかない。逃げ道という道だ。

⑮ 勉強というのは、人間、一生やっていくものだ。　　　　（ドラマ「金八先生」より）

2．あなたの「語録」ベスト5、その選考の理由とは。

番号○	1.	2.	3.	4.	5.
選考理由					

3．ペアになり、例を参考にしながらインタビューしてみましょう。

《例》なぜその名言が気に入ったのですか／その名言はどのような場面で役立ちそうですか
　　選んだ名言に共通することはありますか

ふりかえり：インタビューを通して、自分が大切にしている価値観はどんなことだろう？

インターネットを活用し、郷土の魅力を再発見する
身近な歴史・伝統を探り伝えるプロジェクト
【C　郷土の伝統と文化の尊重、郷土を愛する態度】

　ネットの情報等を活用し、郷土の意外な歴史や伝統について共有し、郷土に対する新たな理解を得ます。地域に関するプロジェクトを計画することで、主体的・探究的に郷土の歴史や伝統について学び、継承の大切さを考える機会とします。

準備するもの　教師：ワークシート、ICT 機材（パソコン・ネット環境）

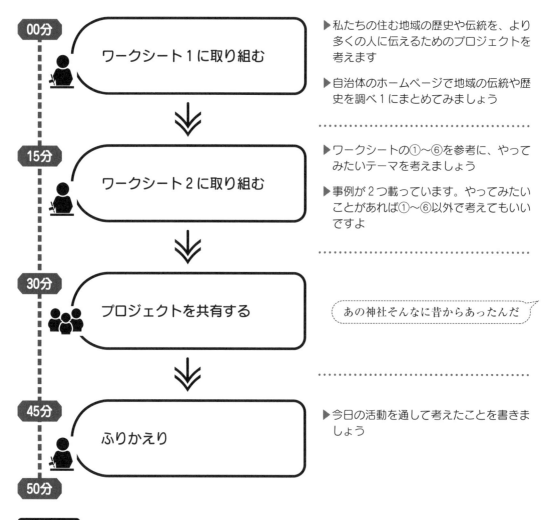

00分 ワークシート 1 に取り組む

▶私たちの住む地域の歴史や伝統を、より多くの人に伝えるためのプロジェクトを考えます

▶自治体のホームページで地域の伝統や歴史を調べ 1 にまとめてみましょう

15分 ワークシート 2 に取り組む

▶ワークシートの①〜⑥を参考に、やってみたいテーマを考えましょう

▶事例が 2 つ載っています。やってみたいことがあれば①〜⑥以外で考えてもいいですよ

30分 プロジェクトを共有する

あの神社そんなに昔からあったんだ

45分 ふりかえり

▶今日の活動を通して考えたことを書きましょう

50分

先生方へ

　地域史に関するリンクなどを、生徒と共有するとよいでしょう。道徳科の授業なので、地域史の学習に比重を置きすぎないように注意しましょう。史料の存在に気づいたり、その継承や魅力発信の工夫の大切さを感じたりすることを重視します。歴史や公民の授業、総合学習と連携して行うこともできます。郷土の歴史遺産の継承には主体的な活動が大切であることに気づけたかどうかをふりかえり等を通じて評価します。

身近な歴史・伝統を探り伝えるプロジェクト

クラス（　　　）番号（　　　）氏名（　　　　　　　　　）

1. 私達の郷土に「残されているもの」は何か、どんな地域だったのかを調べ、箇条書きで、なるべくたくさん挙げてみましょう。

2. 1をふまえ、以下の課題カードA（①〜③）とB（④〜⑥）を組み合わせ、自分たちが試してみたいプロジェクトを考えてみましょう。

A

①語り継ぐ工夫

②残したいもの　残すためにできる工夫

③地域外の人に　魅力を伝える工夫

B

④私たちの地域　意外なできごと

⑤地域で起こった　歴史的事件

⑥昔にもあった　災害と取り組み

例　①×⑥＝私達の町で起こった安政の大地震の取り組みを今に伝えよう。

　　②×⑤＝近所の貝塚跡は縄文時代の遺跡。これを残すために僕らができること。

選んだ番号と自分が考えたプロジェクト

自分がしたい活動、周囲にどのように関わってほしいかなどを記してみよう。

ふりかえり：郷土の歴史や伝統を継承していくために、大切なことは何ですか？

29

障害のない学校

【C　公正、公平、社会正義】

　もしクラスのほとんどの生徒が車椅子を使っていたら、学校や教室はどういうデザインになるだろうか、ということについて考える授業です。障害をもたらしているのは社会の仕組みやデザインにあるという「障害の社会モデル」に気づくことをねらいとします。

準備するもの	教師：ワークシート、視聴覚機材

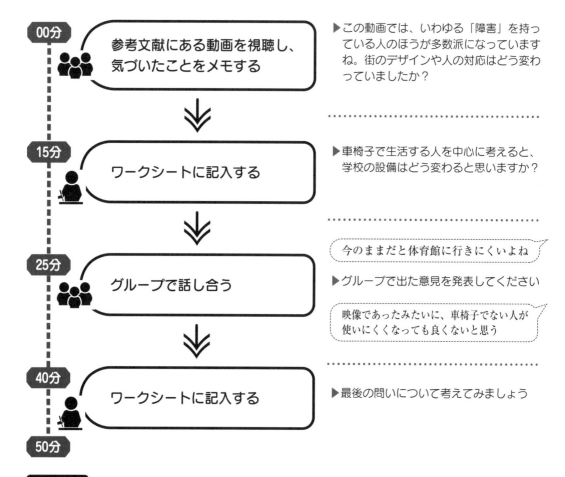

00分 参考文献にある動画を視聴し、気づいたことをメモする

▶この動画では、いわゆる「障害」を持っている人のほうが多数派になっていますね。街のデザインや人の対応はどう変わっていましたか？

15分 ワークシートに記入する

▶車椅子で生活する人を中心に考えると、学校の設備はどう変わると思いますか？

25分 グループで話し合う

今のままだと体育館に行きにくいよね

▶グループで出た意見を発表してください

映像であったみたいに、車椅子でない人が使いにくくなっても良くないと思う

40分 ワークシートに記入する

▶最後の問いについて考えてみましょう

50分

先生方へ

　「障害」や「障害者」を画一的にとらえるのではなく、障害には社会の仕組みや私たちの考え方など、様々な要因があることに気づかせたいところです。車椅子のケースだけでなく、目が見えない場合、耳が聞こえない場合について考え、盲学校、聾学校などがどういう工夫をしているかを調べてみると学習が広がります。クラスに障害のある生徒がいる場合は、その生徒も同じ土俵で考えられるようテーマの選び方に配慮をしてください。

●参考文献・先行実践
Engelleri Kaldir　https://www.youtube.com/watch?v＝bLfDgpCLdRw
渡辺一史『なぜ人と人は支え合うのか』（ちくまプリマー新書、2018年）

障害のない学校

クラス（　　）番号（　　）氏名（　　　　　　　　）

1．動画を見て、気づいたこと・考えたことをメモしましょう。

2．もし大多数の人が車椅子を使って生活していたら、学校の施設環境はどう変わるでしょうか。現状とそれがどう変わるのかの予想を書いてみましょう。

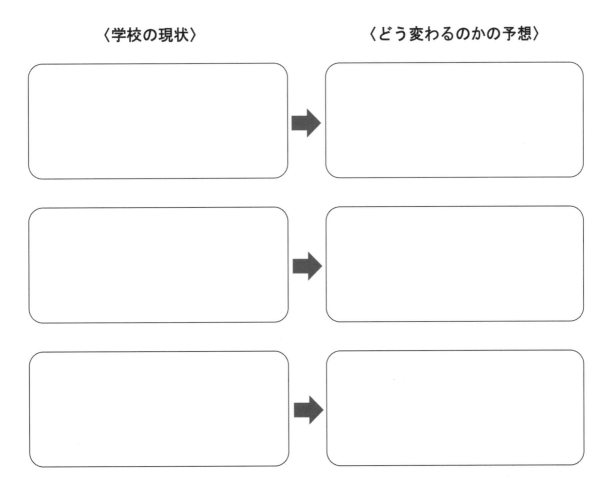

〈学校の現状〉　　　　　　　　　　　〈どう変わるのかの予想〉

3．障害のある人もない人も学びやすい学校にするためには、どんなことが大切だと考えますか。

CM 動画を題材にして家族について考える

30 家族から与えられたもの／家族に与えたもの

【C　家族愛、家庭生活の充実】

　自分が家族（とくに親）から何を与えられているのか、逆に自分は家族に何を与えているのかについて考えていく活動です。CM で描かれる親子と比較することで、自分の家族との関わりについて客観的に振り返る機会とします。

準備するもの　教師：ワークシート、別紙の資料、視聴覚機材

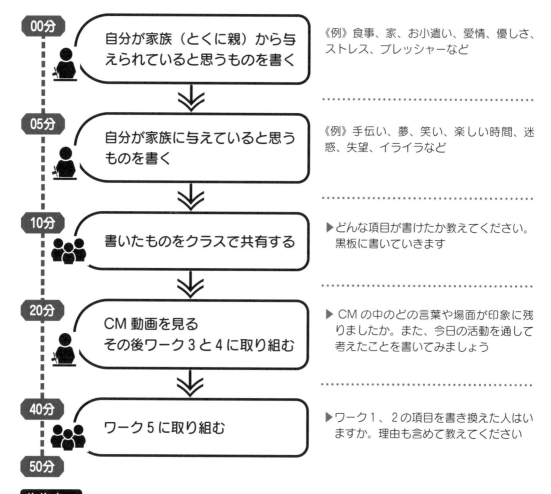

00分　自分が家族（とくに親）から与えられていると思うものを書く

《例》食事、家、お小遣い、愛情、優しさ、ストレス、プレッシャーなど

05分　自分が家族に与えていると思うものを書く

《例》手伝い、夢、笑い、楽しい時間、迷惑、失望、イライラなど

10分　書いたものをクラスで共有する

▶どんな項目が書けたか教えてください。黒板に書いていきます

20分　CM 動画を見る　その後ワーク3と4に取り組む

▶ CM の中のどの言葉や場面が印象に残りましたか。また、今日の活動を通して考えたことを書いてみましょう

40分　ワーク5に取り組む

▶ワーク1、2の項目を書き換えた人はいますか。理由も含めて教えてください

50分

先生方へ

　CM は、短い時間でテーマに対する様々な気づきをくれる良い教材となります。世相を反映しているため、現代はどういう時代なのかについて考えるきっかけにもなるでしょう。各企業の公式チャンネルに公開されているものを使ってください。家族をテーマにした CM には、TOYOTA「Loving Eyes」などがあります。特定の企業の宣伝にならないように注意してください。

●参考文献・先行実践

　トヨタチャンネル「Loving Eyes」https://www.youtube.com/watch?v = Me1GIDy-U9g
　東京電力グループ「TEPCO 速報『似てない父娘篇』」https://www.youtube.com/watch?v =9IKbAnjeg5U
　その他「家族　CM」などで検索してみてください。

家族から与えられたもの／家族に与えたもの

ワーク1　自分が家族から与えられた（与えられている）なと思うものベスト3を考えよう。

1.　　　　　　　　　　　2.　　　　　　　　　　　3.

ワーク2　逆に、自分が家族に与えた（与えている）なと思うものベスト3を考えよう。

1.　　　　　　　　　　　2.　　　　　　　　　　　3.

※書く内容は具体的なものでも、感情でも構いません。また、ポジティブなもの（プラスの内容）でもネガティブなもの（マイナスの内容）でもどちらでもよいです。

ワーク3　CM動画を見て、印象に残ったセリフや場面を書き出してください。また、なぜ印象に残ったのかの理由も説明してください。

印象に残ったセリフや場面

（理由）

ワーク4　1、2で書いたことと、3で書いたことを比較し、考えたことをまとめましょう。

ワーク5　1、2で書いたことについて、書き換えたいものがあれば赤色で直してください。

学校放送番組を題材にしてディスカッションしたいとき

大人ってどんな人？ ～Eテレ×グループディスカッション～

【A　自主、自律、自由と責任】

　Eテレの学校放送番組『Q～こどものための哲学～』を活用して、グループディスカッションを行います。「大人ってどんな人？」という疑問についてクラスメイトと対話しながら改めて考えてみることで、大人になることの意味や責任、子どもであることの自由さなどについて、様々な気づきを得ることが目標です。

準備するもの 教師:ワークシート（A3に拡大コピーして各グループに一枚ずつ配る）、視聴覚機材

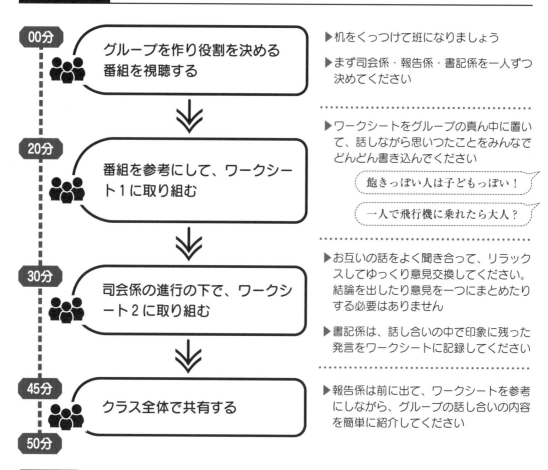

00分 グループを作り役割を決める
番組を視聴する

▶机をくっつけて班になりましょう

▶まず司会係・報告係・書記係を一人ずつ決めてください

20分 番組を参考にして、ワークシート1に取り組む

▶ワークシートをグループの真ん中に置いて、話しながら思いついたことをみんなでどんどん書き込んでください

　飽きっぽい人は子どもっぽい！

　一人で飛行機に乗れたら大人？

30分 司会係の進行の下で、ワークシート2に取り組む

▶お互いの話をよく聞き合って、リラックスしてゆっくり意見交換してください。結論を出したり意見を一つにまとめたりする必要はありません

▶書記係は、話し合いの中で印象に残った発言をワークシートに記録してください

45分 クラス全体で共有する

50分

▶報告係は前に出て、ワークシートを参考にしながら、グループの話し合いの内容を簡単に紹介してください

先生方へ

　『Q』は小中学生対象の哲学の番組です。道徳に関わるテーマも扱われていて、登場人物の対話の場面も多いため、「考え、議論する道徳」の教材にも適しています。番組ホームページから「Qワード」を印刷して、「なんで？」「たとえば？」「そもそも？」……とお互いに問い合いながらディスカッションを進めるように促すと、議論の質はぐっと深まります。発表やワークシートの記録から、各グループの話し合いの内容と生徒の取り組みの様子を総合的に見取ります。

●参考文献・先行実践
　NHK for School『Q～こどものための哲学～』第11回放送「大人ってどんな人？」 https://www.nhk.or.jp/school/sougou/q/

大人ってどんな人？

第_____グループ

メンバー：

1. 大人ってどんな人だろう？　子どもってどんな人だろう？
番組を見て考えたことを、グループで自由に話し合ってみよう。
出てきたアイデアは、なんでも以下にメモしてください！

| 大人ってどんな人？ | 子どもってどんな人？ |

2. ここまでに話し合ったことや、上に書かれている言葉を参考にしながら、
次の３つのテーマについてグループでゆっくり意見交換してください。

「大人になる」って、どういうことだろう？

大人と子どもは、どっちが自由だろう？

早く大人になりたい？

32 学校放送番組を題材にしてディベートしたいとき
自然環境と人間のくらし、どちらが大事？〜Eテレ×ディベート〜

【D　自然愛護】

　Eテレの学校放送番組『ココロ部！』を活用して、番組中の2つの対立する立場をめぐるディベートを行います。この活動を通じて、自然環境と人間のくらしのどちらにも価値があることに気づき、人間が自然と共生することの難しさと必要性について、深い理解を得ることを目標とします。

準備するもの　教師：ワークシート、視聴覚機材

00分

番組を視聴して、ポイントを理解する

▶自然を守ることが人間の安全なくらしを脅かすことになるのはなぜ？

10分

「自然を守る」ことの重要性を擁護するグループと、「人間の安全なくらし」の重要性を擁護するグループの、2つのグループに分かれる

▶出席番号が偶数の人は「自然環境」のグループに、奇数の人は「人間のくらし」のグループに分かれてください

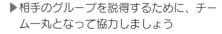
え〜！自分の考えで選べないの⁉

15分

ディベートのワークに取り組む（学習活動③ディベート参照）

▶相手のグループを説得するために、チーム一丸となって協力しましょう

▶意見を言う人、質問に答える人、ワークシートを記入する人など、役割を分担して進めましょう

45分

教師がジャッジを行った上で、自然と人間の共生をテーマにまとめのディスカッションを行う

50分

▶自然を守るのは、人間のためでしょうか？それとも自然のため？

▶ディベートを通して、自然と人間の共生には様々な課題があることがわかりました。それでも私たちにできることがあるとしたら、私は何でしょう？

先生方へ

　グループごとの人数が多すぎる場合には、同じ立場のグループを複数作るなどして、話し合いやすい人数になるように調整してください。教師はグループごとの主張や反論を聞くことを通して、グループでの活動の過程を見取ります。生徒は教師のジャッジを聞くことを通して、活動をふりかえります。『ココロ部！』の他の放送回や『オン・マイ・ウェイ』などを使っても、同様の授業を行うことができます。道徳の学校放送番組をチェックしてみましょう。

●参考文献・先行実践
　NHK for School『ココロ部！』第8回放送「ぼくらの村の未来」　https://www.nhk.or.jp/school/doutoku/kokorobu/

ディベート（グループワーク用）

今回の議題（問い）：自然環境と人間のくらし、どちらが大事？

このグループは、

自然環境 ・ 人間のくらし

[ワーク1]：自分たちのグループの立場（主張）を確認して、相手のグループを説得する材料を考えよう。

私たちのグループの立場（主張）は・・・・

説得する材料（この立場が正しいと思える理由や根拠は？　この主張のメリットは？）

[ワーク2]：相手のグループの人たちへの、質問や反論を考えよう。

[自然環境 ・ 人間のくらし] のグループに対する質問・反論

[ワーク3]：相手のグループから受けた質問・反論に対して、応答してください。

[自然環境 ・ 人間のくらし] のグループから受けた質問・反論

それに対する応答は・・・・

教材はどうやって探せばいい？

道徳の教科化に伴って、道徳科でも検定教科書が使われるようになりました。しかし、道徳科も他教科と同じで、必ずしも全授業において検定教科書を使わなければならないわけではありません。むしろ学習指導要領は、道徳の授業を行う上で「多様な教材の活用に努めること」「生徒が問題意識をもって多面的・多角的に考えたり、感動を覚えたりするような充実した教材の開発や活用を行うこと」をはっきり推奨しています。したがって、生徒と一緒に考えてみたい素材が教科書以外にある場合には、むしろそれを使って授業を行ったほうがよいでしょう。

❖道徳の授業で使う教材の探し方・作り方のコツ

それでは、「考え、議論する」道徳の授業を行う際に、オリジナルの教材はどのようにして探したり作ったりしていけばいいのでしょうか？

学習指導要領解説では、「多様な教材」の具体例として、視聴覚教材や劇を使うことや、日常体験そのものを教材にすること、各教科の学習内容と関連させた教材を作ることなどが提案されています。確かに、例えば職場体験活動で感じたことをクラス全員でシェアした上で、そこから「哲学対話」（学習活動⑤哲学対話を参照）の形式で問いを立て、みんなでゆっくり・じっくり話し合っていくだけでも、「勤労」に関して「考え、議論する」道徳の授業を行うことはできます。ただ、学校行事や他教科とコラボする授業はやや大がかりですし、各行事や教科にはそれぞれの別の主目的があるので、こうした授業は各学期に一度くらいは行ってみると楽しいかもしれませんが、頻繁に行うことは現実的に難しいでしょう。

もっと身近なモノを使って、道徳的なテーマに関して「考え、議論する」きっかけを作ることもできます。例えば、本書の第2章に収録されている「29 障害のない学校」という授業プランでは、子どもたちにとってこれ以上身近なものはないであろう「学校の校舎」を教材にしています。慣れ親しんでいる校舎ですが、「もしクラスのほとんどの生徒が車椅子を使っていたら……」と問いかけられた瞬間に、これまで気づかなかったり、無意識のうちにスルーしていた光景・場面がありありと「見えて」きて、生徒たちの頭は大きな刺激を受けるはずです。このように、ありふれた日常的なモノでも、それを道徳的な視点（その回の授業で扱う内容項目の観点）から考えられるようにする問いかけと組み合わせることで、どのようなものも道徳科の授業の教材として活用することが可能になるのです。以上の点さえ押さえておけば、写真や絵や映像資料はもとより、教室の備品や他教科の教材でも道徳科の教材になります。教科書に収録されているような「読み物」がないと道徳の授業が成立しないわけではありません。

ここで改めて、道徳科の教材は道徳的な問題に対する「一つの正解」を示すためのものではないということを強調しておきます。道徳科の目的は、生徒たちに特定の価値観を教える（押しつける）ことではなく、学習指導要領に定められている内容項目を生徒たち同士で多面的・多角的に吟味することであり、生徒自身が主体的に「考え、議論する」ことなのです。そのための「材料」「素材」が道徳科の教材です。このように考えると、ある価値に関して一般的な教訓が含まれている教材よりも、その価値を様々な方向から検討できるような教材のほうが、道徳科の教材としてふさわしいと言えます。

3章 教科書はこんなに使える

他の人の人生を通して、自分の生き方を考える

㉝ 偉人4コマ漫画

　教科書に掲載されている人物（歴史上の偉人、現代の大きな業績を残した人など）のエピソードをもとに、その人物を4コマ漫画で紹介する活動です。一人の人物の成功の中にも様々な要素があり、その中で自分がどの価値や要素にもっとも惹かれるのかについて考えます。

準備するもの	教師：ワークシート　生徒：教科書

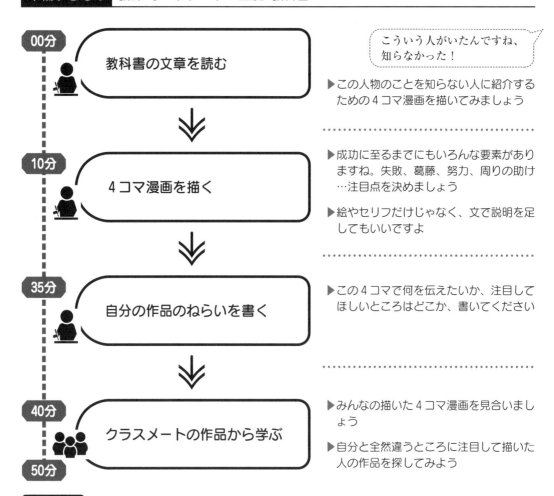

00分 教科書の文章を読む

　こういう人がいたんですね、知らなかった！

▶この人物のことを知らない人に紹介するための4コマ漫画を描いてみましょう

10分 4コマ漫画を描く

▶成功に至るまでにもいろんな要素がありますね。失敗、葛藤、努力、周りの助け…注目点を決めましょう

▶絵やセリフだけじゃなく、文で説明を足してもいいですよ

35分 自分の作品のねらいを書く

▶この4コマで何を伝えたいか、注目してほしいところはどこか、書いてください

40分 クラスメートの作品から学ぶ

50分

▶みんなの描いた4コマ漫画を見合いましょう

▶自分と全然違うところに注目して描いた人の作品を探してみよう

先生方へ

　一つの教材には多様な価値が含まれます。教材の指定している内容項目以外にも、子どもたちがいろんな価値に着目できるように促してみてください。4コマ漫画やねらいの記述を通して、それぞれの生徒がどの価値や要素に注目して考えたのかを見取ります。また、クラスメイトの作品と比較することで、魅力を感じるポイントが人によって異なることを考える機会とします。

●参考文献・先行実践
　ラクイチ国語研究会編『ラクに楽しく1時間 中学国語ラクイチ授業プラン』（学事出版、2017年）

偉人４コマ漫画

クラス（　　）番号（　　）　氏名（　　　　　　　　　）

1．文章をもとに、その人物のことを４コマ漫画で紹介しましょう。

3	1
4	2

2．作品のねらいは？（自分はどの要素に注目したか、４コマで伝えたいこと）

ふりかえり：注目したポイントは共通していましたか？　異なっていましたか？　漫画を見合って考えたことを書きましょう。

34 他の人の人生を通して、自分の生き方を考える
どんなところが似てる？

　教科書に掲載されている偉人や人物と、自分が選んだ他の人物とを比べてみる活動です。似ているところを探す活動を通して、自分が価値を置く要素に気づいたり、今後の自分の生き方のモデルを探す機会とします。

準備するもの　教師：ワークシート　生徒：教科書

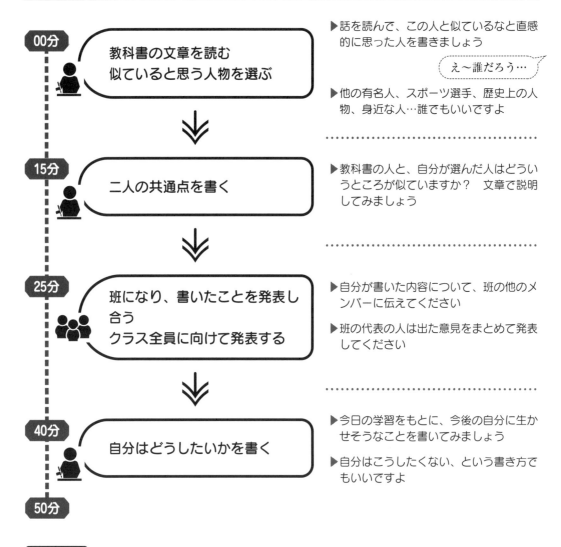

00分　教科書の文章を読む　似ていると思う人物を選ぶ
▶話を読んで、この人と似ているなと直感的に思った人を書きましょう
え〜誰だろう…
▶他の有名人、スポーツ選手、歴史上の人物、身近な人…誰でもいいですよ

15分　二人の共通点を書く
▶教科書の人と、自分が選んだ人はどういうところが似ていますか？　文章で説明してみましょう

25分　班になり、書いたことを発表し合う　クラス全員に向けて発表する
▶自分が書いた内容について、班の他のメンバーに伝えてください
▶班の代表の人は出た意見をまとめて発表してください

40分　自分はどうしたいかを書く
▶今日の学習をもとに、今後の自分に生かせそうなことを書いてみましょう
▶自分はこうしたくない、という書き方でもいいですよ

50分

先生方へ
　いきなり教科書に出てくる人物（たいていは偉人）と自分を比べさせては、生徒にとっては実感の伴わない活動になりがちです。他の人物を想定し、似ているところを比較することで、その生徒がどのような生き方に関心や憧れを持っているのかを見ます。人物選びが難しい場合は、教材で取り上げた人物から読み取れる要素をまずは全体でまとめ、そこから探すように促します。

どんなところが似てる？

クラス（　　）番号（　　）　氏名（　　　　　　　　　　）

1．教材で取り上げられている人物と、似ていると思う人を探してみよう。
　（有名人、スポーツ選手、歴史上の人物、漫画のキャラクター、誰でもOK！）

似ていると思う人物（1）

〈理由〉

似ていると思う人物（2）

〈理由〉

2．書いた内容について、他の人と話し合ってみよう。自分と違う意見の人を探そう。

3．今日の学習を通して、今後の自分に生かせそうなことを書いてみよう。

35 偉人の「すごさ」を出し、考えの手立てとする
「すごさ」を分類してみよう

　教科書に掲載されている偉人や人物のエピソードを読んで、その困難を乗り越えた人生の「すごさ」の要素を出し合い、分類します。このように「すごさ」を分類し、可視化することで、主人公の原動力が明確になり、自分の今後の過ごし方について考えを促す手助けとなります。

準備するもの 　教師：ワークシート、付箋　生徒：教科書

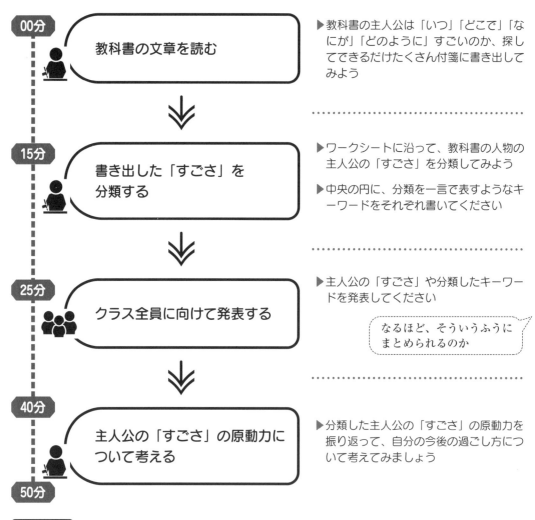

00分 教科書の文章を読む	▶教科書の主人公は「いつ」「どこで」「なにが」「どのように」すごいのか、探してできるだけたくさん付箋に書き出してみよう
15分 書き出した「すごさ」を分類する	▶ワークシートに沿って、教科書の人物の主人公の「すごさ」を分類してみよう ▶中央の円に、分類を一言で表すようなキーワードをそれぞれ書いてください
25分 クラス全員に向けて発表する	▶主人公の「すごさ」や分類したキーワードを発表してください なるほど、そういうふうにまとめられるのか
40分 **50分** 主人公の「すごさ」の原動力について考える	▶分類した主人公の「すごさ」の原動力を振り返って、自分の今後の過ごし方について考えてみましょう

先生方へ

　アスリート教材や偉人教材では、教科書に出てくる人物（たいていは偉人）のすごさを洗いざらい出し切ることが大切です。付箋を用意し、生徒たちができるだけたくさんそのすごさを出せるようにしましょう。また、そのすごさを分類し、その後の振り返りで考える手立てとします。模造紙などの大きな紙を用意し、グループで取り組んでもよいでしょう。

「すごさ」を分類してみよう

クラス（　　）番号（　　）氏名（　　　　　　　　　　　）

1. 課題文章を読み、主人公の「すごさ」をできるだけたくさん付箋に書こう。

2. 書いた付箋を4つに仲間分けしながら下に貼っていき、キーワードを考えよう。

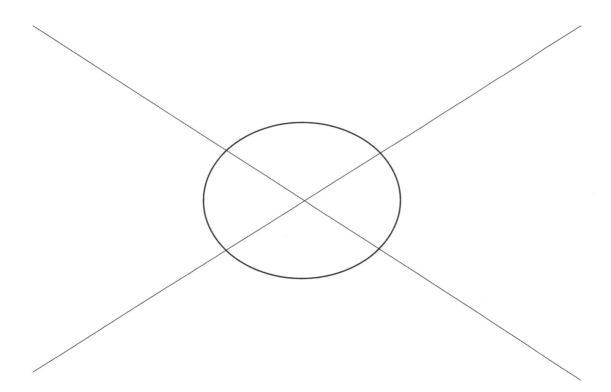

3. 「すごさ」の原動力を振り返って、自分の今後について考えよう。

36 困難をどう乗り越えるかについて考える
人生の歩みを階段にしよう

　教科書に掲載されている偉人や人物のエピソードを読み、その人生を階段型ワークとしてまとめてみることで、いかにして困難を乗り越えてきたかを可視化します。また、その階段を見ながら、他者の生き方や自分自身の生き方について考えを深める機会とします。

準備するもの　教師：ワークシート　生徒：教科書

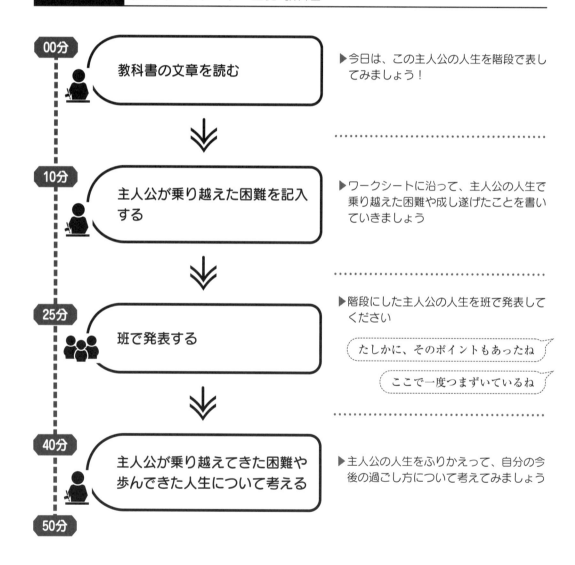

00分　教科書の文章を読む

▶今日は、この主人公の人生を階段で表してみましょう！

10分　主人公が乗り越えた困難を記入する

▶ワークシートに沿って、主人公の人生で乗り越えた困難や成し遂げたことを書いていきましょう

25分　班で発表する

▶階段にした主人公の人生を班で発表してください

たしかに、そのポイントもあったね

ここで一度つまずいているね

40分　主人公が乗り越えてきた困難や歩んできた人生について考える

▶主人公の人生をふりかえって、自分の今後の過ごし方について考えてみましょう

50分

先生方へ
　アスリート教材や偉人教材では、困難を乗り越えながらも成長し、何かを達成する人生が描かれています。その人生を階段型ワークにして表すことで、主人公の人生や乗り越えた困難を可視化させます。そしてそれをふりかえりで考える手立てとします。

人生の歩みを階段にしよう

クラス（　　　）番号（　　　）氏名（　　　　　　　　　）

1．教科書を読んで、主人公の人生を階段で表現してみましょう。

　★には成し遂げた功績、△には直面した困難、（　）には年代を書いてください。

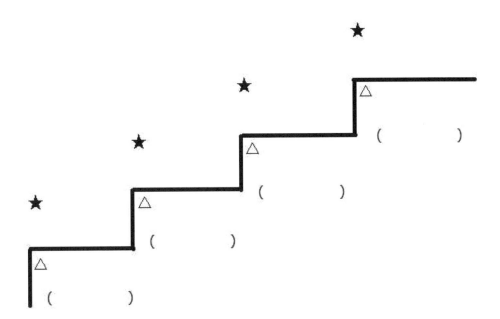

2．主人公はどんな思いで困難を乗り越えながら人生を歩んだのか、考えてみましょう。

ふりかえり

37 教材のテーマを深く理解したいときに
ニセモノの〇〇・ホンモノの〇〇

教材のテーマとなっている一つの言葉（概念）について、それとは似て非なる様々な事柄（ニセモノの〇〇）を出し合い、比べてみます。それにより、テーマとなる価値や概念の本当の意味を、より一層深く理解することを目指します。

準備するもの　教師:ワークシート　生徒:教科書

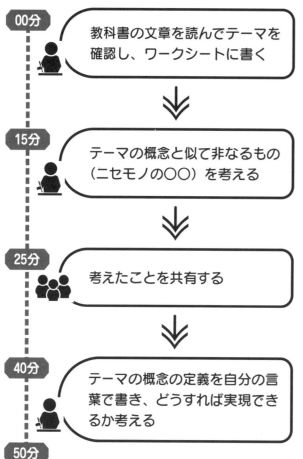

00分　教科書の文章を読んでテーマを確認し、ワークシートに書く

▶くりかえし「思いやり」という言葉が出てきますが、本当の「思いやり」とはどういうことでしょう？

15分　テーマの概念と似て非なるもの（ニセモノの〇〇）を考える

▶言われたことに従って何でもするのは、思いやりと言えるでしょうか？

▶他にも思いやりのように見えてそうでないものはありますか？

25分　考えたことを共有する

「あなたのため」って言われても、あまりうれしくないことが多いね

「思いやり」のつもりで「お節介」になっているんじゃないかな

40分　テーマの概念の定義を自分の言葉で書き、どうすれば実現できるか考える

▶みなさんにとって「本当の思いやり」とは何でしょう？

▶「ニセモノの思いやり」との違いがわかるように書きましょう

50分

先生方へ

テーマとなる概念は、内容項目や、教材で生徒に考えさせようとしている言葉を、単語で設定するとよいでしょう（例：思いやり、努力、友情）。ニセモノは単語と文章のどちらで書いても構いません（例：「お節介」「頼まれたことを何でもすること」）。国語的な意味での正しい語義を求めるのではなく、自分自身の生き方・あり方に結びついた意味を考えられるよう促し、その観点から評価してください。

●使用教材の例
「思いやりの日々」『平成31年度 中学校 新しい道徳1』（東京書籍）

ニセモノの〇〇・ホンモノの〇〇

クラス（　　）番号（　　）氏名（　　　　　　　　　）

今日のテーマ：＿＿＿＿＿＿＿＿＿＿＿＿＿＿

テーマの「ニセモノ」を考えてみよう！

テーマと似ているようで実は違うこと	どこがどう違う？

⬇

私にとって、本当の＿＿＿＿＿＿＿＿＿＿とは・・・

ニセモノにならずにホンモノを実現するには、どうすればよいと思いますか？

＿＿＿＿＿＿＿＿＿＿＿＿＿＿＿＿＿＿＿＿＿＿＿＿＿＿＿＿＿＿

＿＿＿＿＿＿＿＿＿＿＿＿＿＿＿＿＿＿＿＿＿＿＿＿＿＿＿＿＿＿

＿＿＿＿＿＿＿＿＿＿＿＿＿＿＿＿＿＿＿＿＿＿＿＿＿＿＿＿＿＿

38 相手の立場に立って物事を捉える
悩む登場人物にアドバイス

　教科書の文章の中から、葛藤や悩みを抱えている人物を見つけ、その人物の心情を考え、助言を考えます。更に課題文の人物の立場に立って、助言への返事を相互に記します。活動を通し、相手の立場に立った助言とはどういうものかを考えます。

準備するもの 教師:ワークシート　生徒:教科書

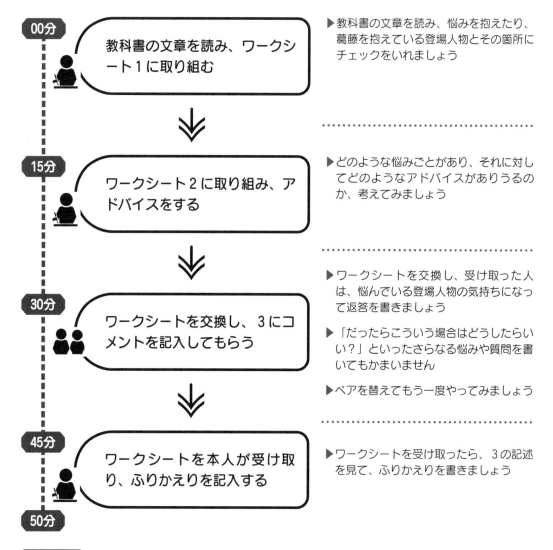

00分 教科書の文章を読み、ワークシート1に取り組む
▶教科書の文章を読み、悩みを抱えたり、葛藤を抱えている登場人物とその箇所にチェックをいれましょう

15分 ワークシート2に取り組み、アドバイスをする
▶どのような悩みごとがあり、それに対してどのようなアドバイスがありうるのか、考えてみましょう

30分 ワークシートを交換し、3にコメントを記入してもらう
▶ワークシートを交換し、受け取った人は、悩んでいる登場人物の気持ちになって返答を書きましょう
▶「だったらこういう場合はどうしたらいい?」といったさらなる悩みや質問を書いてもかまいません
▶ペアを替えてもう一度やってみましょう

45分 ワークシートを本人が受け取り、ふりかえりを記入する
▶ワークシートを受け取ったら、3の記述を見て、ふりかえりを書きましょう

50分

先生方へ

　教科書の文章をただ理解するだけでなく、それに加えて「助言」という活動を実際に体験することで、臨場感を持って、教材に取り組むことができます。助言の難しさと、様々なケースを想定する道徳的想像力を養うことにもつながります。

悩む登場人物にアドバイス

クラス（　　　）番号（　　　）氏名（　　　　　　　　　）

1. 文章を読もう——悩みを持っている人、葛藤を抱えている人を探しましょう。

2. あなたならそんな登場人物にどんなアドバイスを言ってあげたいですか？

① 悩みごと（こんなことに悩んでいそう）　　②あなたの考えるアドバイス

3. ペアになり、ワークシートを交換します。受け取ったら、悩む登場人物の気持ちになって、アドバイスへの返答を書きましょう。

アドバイスについて思ったこと

＿＿＿＿＿＿＿になりきった（　　　　　　）より

アドバイスについて思ったこと

＿＿＿＿＿＿＿になりきった（　　　　　　）より

ふりかえり：「アドバイスすること」について考えたことを書きましょう。

39 このあとどうなる？

物語教材を使って発展的な話し合いをしたいときに

　物語性のある教材について、続きの展開を想像する活動です。続きを予想するためには、ある判断によってその後どのような展開が起こり得るのか、多角的に考える力が必要です。先を見通す力や道徳的判断力を養う機会とします。

準備するもの　教師：ワークシート（多めに用意する）　生徒：教科書

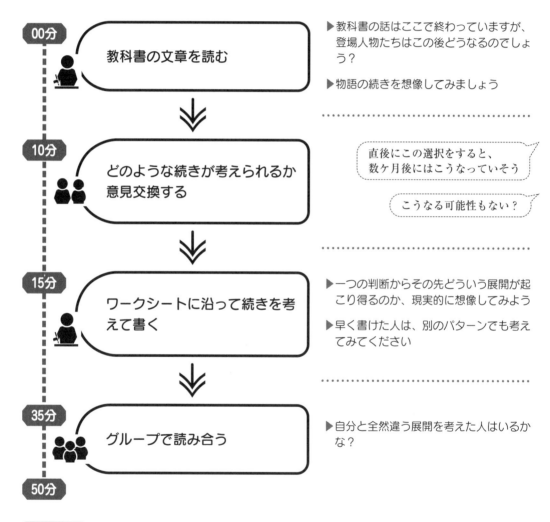

00分 教科書の文章を読む

▶教科書の話はここで終わっていますが、登場人物たちはこの後どうなるのでしょう？

▶物語の続きを想像してみましょう

10分 どのような続きが考えられるか意見交換する

　直後にこの選択をすると、数ヶ月後にはこうなっていそう

　こうなる可能性もない？

15分 ワークシートに沿って続きを考えて書く

▶一つの判断からその先どういう展開が起こり得るのか、現実的に想像してみよう

▶早く書けた人は、別のパターンでも考えてみてください

35分 グループで読み合う

▶自分と全然違う展開を考えた人はいるかな？

50分

先生方へ

　国語の授業ではありませんので、物語に書かれていない中長期的なその後の展開を自由に想像するように促します。ただし荒唐無稽なもの、あなたがありえないと思うものは書かないようにと最初に注意してください。あくまで現実的に考えて、因果関係が明確になるような想像を促します。葛藤型の教材の場合は、Aを選んだ場合、などと最初に条件を決めると書きやすいでしょう。

このあとどうなる？

クラス（　　）番号（　　）　氏名（　　　　　　　　　　　）

1．いつ、どんなことが起こり得るか、物語の続きを想像してみよう。

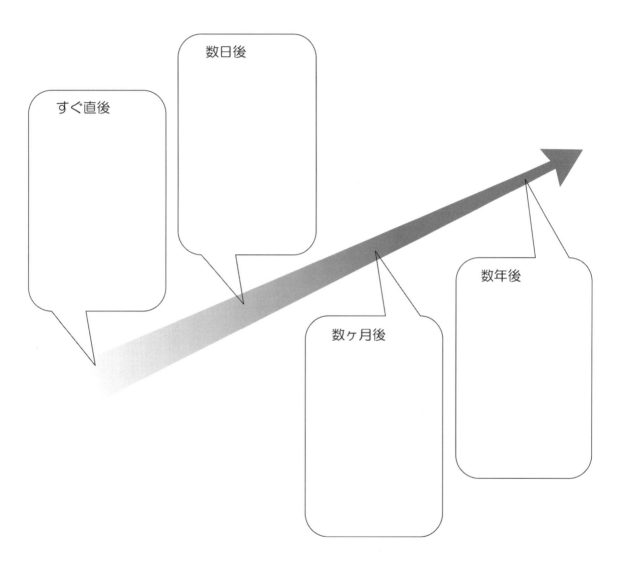

すぐ直後

数日後

数ヶ月後

数年後

2．他の人の予想と読み比べて、考えたことを書こう。

40 なりきりコメント

一つの問いに対して多角的に考える

答えが一つに決まらない問いについて、様々な立場を想定して答えを考える活動です。年齢、職業、性格などが違えばどのように意見が異なるのかを想像します。その違いをふまえた上で、どうすれば合意形成に近づけるのかまで考えることが目標です。

準備するもの	教師:ワークシート　生徒:教科書

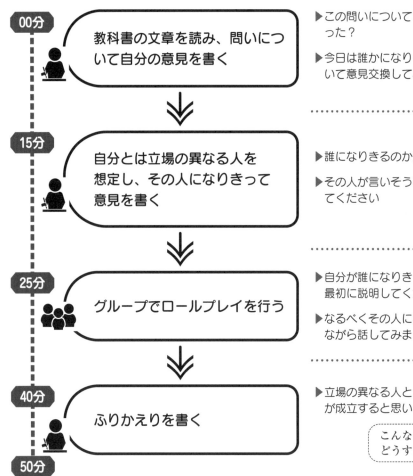

00分
教科書の文章を読み、問いについて自分の意見を書く

▶この問いについて、まずみんなはどう思った？

▶今日は誰かになりきって、この問いについて意見交換してみよう

15分
自分とは立場の異なる人を想定し、その人になりきって意見を書く

▶誰になりきるのか決めましょう

▶その人が言いそうな意見を想像して書いてください

25分
グループでロールプレイを行う

▶自分が誰になりきって意見を言うのか、最初に説明してください

▶なるべくその人になりきって、演技をしながら話してみましょう

40分
ふりかえりを書く

▶立場の異なる人と、どうすれば話し合いが成立すると思いますか

こんなに考えが違うと、どうすればいいんだろう…

50分

先生方へ

　教科書に掲載されている問い以外にも、教師が事前に考えてきた問いや、生徒がその場で出した問いなどでも実施できます。異なる意見が出てくる背景には、立場や価値観の違いがあることを認識させるとともに、どうすれば合意形成に近づけるのかまで考えるように促します。あらかじめ教師の側で複数の立場の例を示しておくと、スムーズに活動に入れます。

●参考文献・先行実践
上條晴夫編著『ワークショップ型授業で国語が変わる　中学校』(図書文化、2004年)

なりきりコメント

クラス（　　）番号（　　）　氏名（　　　　　　　　　　　　）

《問い》_____

1. まずは自分の考えを書いてみましょう。

2. 自分とは異なる立場（年齢、職業、性格など）の人を想定し、その人が言いそうな意見を書いてみましょう。例）先生、保護者、教育評論家、IT 会社の社長…

選んだ人

意見と理由

選んだ人

意見と理由

3. 異なる意見の人との話し合いを成立させるのに大切なことは何だと考えますか。

事前準備なし、教師も一緒に考える授業

41 教科書教材で哲学対話

　哲学対話は、テーマや問いについて全員で話し合い、考えを深めていく活動です。教科書教材は問いの宝庫。教師主導の発問ではなく、教材をもとにして生徒自身が問いを立て、自分たちで話し合うことが大切です。その経験を積み重ねることで、主体的に問い、考え続ける力を養います。

準備するもの | 教師：ワークシート　生徒：教科書

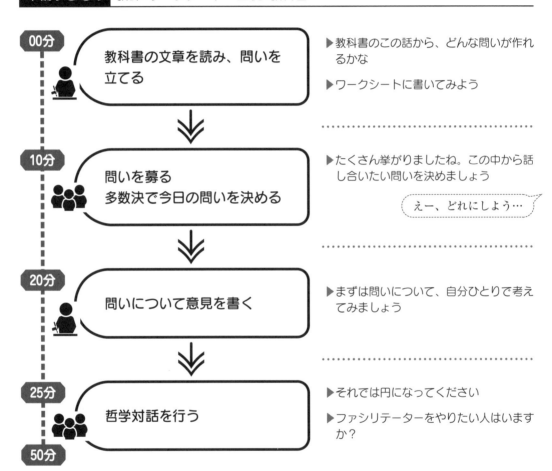

00分 教科書の文章を読み、問いを立てる
▶教科書のこの話から、どんな問いが作れるかな
▶ワークシートに書いてみよう

10分 問いを募る　多数決で今日の問いを決める
▶たくさん挙がりましたね。この中から話し合いたい問いを決めましょう
（えー、どれにしよう…）

20分 問いについて意見を書く
▶まずは問いについて、自分ひとりで考えてみましょう

25分 哲学対話を行う
▶それでは円になってください
▶ファシリテーターをやりたい人はいますか？

50分

先生方へ
　教科書教材は考え始めるきっかけとして使い、実際の対話では教材の内容から離れていっても構いません。教材から一般的な問いを導き、考えることで、生徒は思考を広げていきます。そのため、生徒がそのとき出した問いで対話を行うことが重要です。内容項目は「複数内容項目」扱いとするのがよいでしょう。対話に慣れているクラスであれば、複数の問いを選び、話したい問いごとに小グループで対話を行うこともできます。その場合はグループごとに進行役の生徒を決めてください。哲学対話のやり方については「学習活動⑤哲学対話」や参考文献を参照してください。

●**参考文献・先行実践**
河野哲也編『ゼロからはじめる哲学対話』（ひつじ書房、2020年）

教科書教材で哲学対話

クラス（　　）番号（　　）　氏名（　　　　　　　　　　　　）

1．教材を読んで、問いを考えてみよう（いくつでも可）。

2．クラスで決まった今日の問い

3．問いに対する自分の考え

ふりかえり：対話を通して考えたこと

42 いつもと違う視点で物事を考える
隠れた登場人物

　教科書の文章内に、生徒自身が別の登場人物を登場させ、別の視点から教材を読み直します。様々な立場や観点を加えて理解することで、道徳的な想像力を育てることが目的です。

準備するもの　教師：ワークシート　生徒：教科書

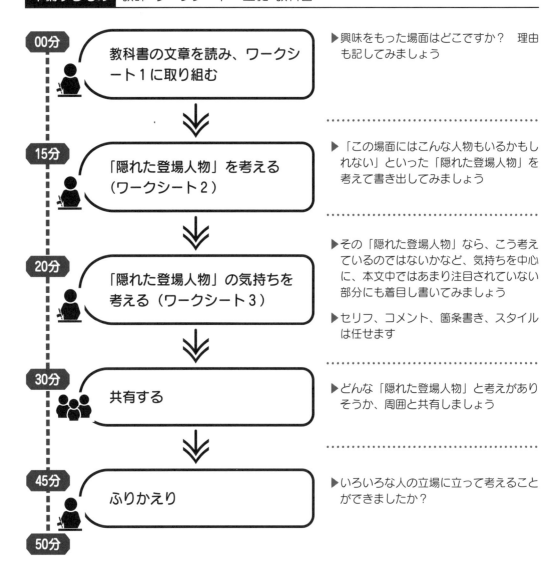

00分　教科書の文章を読み、ワークシート1に取り組む

▶興味をもった場面はどこですか？　理由も記してみましょう

15分　「隠れた登場人物」を考える（ワークシート2）

▶「この場面にはこんな人物もいるかもしれない」といった「隠れた登場人物」を考えて書き出してみましょう

20分　「隠れた登場人物」の気持ちを考える（ワークシート3）

▶その「隠れた登場人物」なら、こう考えているのではないかなど、気持ちを中心に、本文中ではあまり注目されていない部分にも着目し書いてみましょう

▶セリフ、コメント、箇条書き、スタイルは任せます

30分　共有する

▶どんな「隠れた登場人物」と考えがありそうか、周囲と共有しましょう

45分　ふりかえり

▶いろいろな人の立場に立って考えることができましたか？

50分

先生方へ
　教科書教材以外の作品を利用することもできます。グループの共有では、多様な考え方や心情が出ることを評価してください。

隠れた登場人物

クラス（　　　）番号（　　　）氏名（　　　　　　　　）

1．興味をもった場面と、なぜ興味をもったのかの理由を書きましょう。

2．「隠れた登場人物」を考えてみましょう。

この作品には登場していないが、「こんな人もいたのかも」という人を考えてみましょう。

（例：家族、兄弟、通りがかりの人…あるいは動物など）

3．その「隠れた登場人物」はどんな気持ちをもったでしょうか？

ふりかえり：視点を変えたことで、どんな気づきがありましたか。

立場の対立を乗り越えよう

43 どこまでなら譲れる？

　対立する二つの立場に分かれ、それぞれの立場から譲れることと譲れないことを考えて、譲歩や交渉によって対立を乗り越えていきます。この活動を通して、自分の立場に固執しすぎたり、逆に安易に妥協したりしない、柔軟な思考を養います。

準備するもの　教師：ワークシート（各グループ１枚）　生徒：教科書

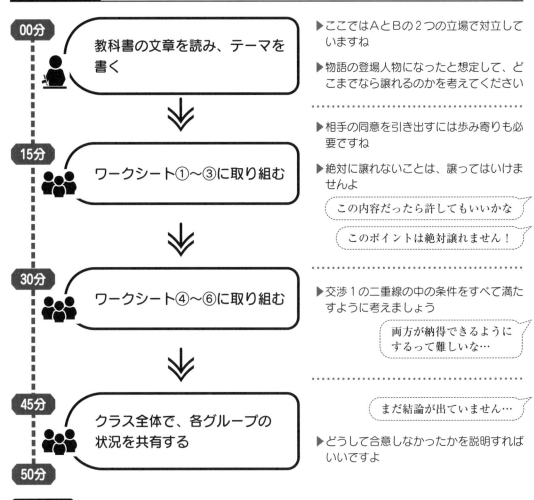

00分　教科書の文章を読み、テーマを書く

- ▶ここではAとBの２つの立場で対立していますね
- ▶物語の登場人物になったと想定して、どこまでなら譲れるのかを考えてください

15分　ワークシート①〜③に取り組む

- ▶相手の同意を引き出すには歩み寄りも必要ですね
- ▶絶対に譲れないことは、譲ってはいけませんよ

　この内容だったら許してもいいかな

　このポイントは絶対譲れません！

30分　ワークシート④〜⑥に取り組む

- ▶交渉１の二重線の中の条件をすべて満たすように考えましょう

　両方が納得できるようにするって難しいな…

45分　クラス全体で、各グループの状況を共有する

　まだ結論が出ていません…

- ▶どうして合意しなかったかを説明すればいいですよ

50分

先生方へ

　結果として合意に至ったかどうかではなく、話し合いの過程の中で、譲歩・交渉する思考や姿勢を養うことが重要です。評価もその観点から行ってください。また、ふりかえりとして、難しかった点や日常生活で生かせる場面なども考えるよう促してください。なお、二者間の対立に関する教材のほか、個人の内面の葛藤に関する教材でも活用することができます。

●使用教材の例
　「二通の手紙」『平成31年度版 中学道徳 あすを生きる３』（日本文教出版）

どこまでなら譲れる？

_____ 班（   ）

A_____？ それとも、B_____？

今日の目標：AとBで交渉をして、双方が納得する一つの案をまとめよう！

　①グループの中で、AとBに分かれる

　②作戦会議1（5分）：A、Bのそれぞれで相談し、譲れること・譲れないことを整理する

　③交渉1　　（5分）：お互いに伝えあう→「○○は譲れませんが、●●でなくてもいいです」

　④作戦会議2（5分）：交渉1をふまえて、A、Bそれぞれで提案を作る

　⑤交渉2　　（5分）：提案を持ち寄る

　⑥交渉3　　（5分）：みんなで一緒に検討し、一つの案にまとめる

【交渉1】

立場	絶対に譲れないこと	譲っても構わないこと
A		
B		

【交渉2】　　※交渉1の「絶対に譲れないこと」をすべて満たす提案にしましょう

A	
B	

【交渉3】　　※班の全員が合意できる案にまとめましょう

44 立場の対立を乗り越えよう
みんなが幸せになるには？

　教材中の問題やトラブルについて、様々な立場から検討し、どの立場からも賛同できる解決策を考えます。公正・公平に物事を捉えることを大切にしながら、誰もが幸せになる画期的なアイデアを出せるようチャレンジします。

準備するもの 教師：ワークシート　生徒：教科書

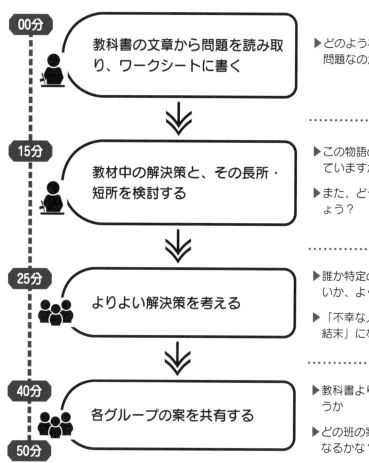

00分 教科書の文章から問題を読み取り、ワークシートに書く

　▶ どのような問題が起こっているか、何が問題なのかをまとめてみましょう

15分 教材中の解決策と、その長所・短所を検討する

　▶ この物語の中では、どう解決しようとしていますか？
　▶ また、どうして解決できなかったのでしょう？

25分 よりよい解決策を考える

　▶ 誰か特定の人たちだけに我慢させていないか、よく確認してくださいね
　▶ 「不幸な人はいないけど誰も幸せでない結末」にならないよう気をつけて

40分 各グループの案を共有する

　▶ 教科書よりもうまく解決できそうでしょうか
　▶ どの班の案が、一番公平で、一番幸せになるかな？

50分

先生方へ
　功利主義の「最大多数の最大幸福」という考え方を参考にしたワークです。突拍子もないアイデアでも、「公正・公平」「幸福の最大化」という2つの観点を満たしている場合には、積極的に評価してください。逆に、思いつきだけでアイデアを挙げている場合には、これらの観点から検討し直すよう促してください。くじ引きのような一見平等な方法も状況によっては問題があったり、禁止事項をむやみに増やすと窮屈になったりすることにも、気づけるとよいでしょう。

●使用教材の例
　「席替え」『平成31年度 中学校 新しい道徳1』（東京書籍）

みんなが幸せになるには？

クラス（　　）番号（　　）氏名（　　　　　　　　）

1. 起きている課題は何ですか？

2. 1に対して教科書ではどんな提案がされているか、箇条書きで書き出してください。
　 そして、それぞれの提案の長所と短所を考えて書きましょう。

提案	長所 （誰がどう幸せになるか）	短所 （誰がどう不幸せになるか）

3. 2で考えた長所や短所をふまえて、なるべく多くの人がなるべく幸せになるような、
　 画期的な提案を、新たに考えてください。

4. 今日の授業で気づいたこと

道徳科の「評価」って？

コラム④

　序章で述べたように、道徳の教科化によってこれまでと大きく変わった点の一つが、「評価」が行われるようになったことです。ただし、一般の教科の評価では主に数値が用いられているのに対して、道徳科は「道徳性」という生徒の人格全体に関わる価値を養うものであることから、「数値などによる評価は行わない」ことが学習指導要領に明記されています。道徳科で求められているのは、「他の生徒との比較による評価ではなく、生徒がいかに成長したかを積極的に受け止めて認め、励ます個人内評価として記述式で行う」評価です（学習指導要領解説）。また、道徳科の評価は調査書には記載せず、入試の合否判定には使用されません。

　このように、道徳科の「評価」は、いわゆる「成績」とはだいぶ性格が異なるものです。学習指導要領でも「生徒の学習状況や道徳性に係る成長の様子を継続的に把握」するためのものと位置づけられており、教師が生徒の成長を見守って努力を評価したり励ましたりすることで、生徒が自らの成長を実感してさらに意欲的に授業に取り組むきっかけにする（教師もまたそうした見取りを今後の指導に生かす）ことに力点が置かれています。学習指導要領解説では、道徳性の「成長」を評価する際に、「一面的な見方から多面的・多角的な見方へと発展させているか」「道徳的価値の理解を自分自身との関わりの中で深めているか」といった点に注目し、それらを生徒の発言や、感想文・質問紙等の記述から見取るという方法が提案されています。また、心の内面に関わる道徳性は時間をかけて成長するものであるため、個々の内容項目ごとではなく、一定の時間的なまとまりをおいて評価を行うことが推奨されています。

❖評価はどうやって行えばいい？

　道徳科での評価が始まって、「目に見えない心の内側をどうやって評価するの？（そもそも評価していいの？）」と思い悩んだ先生も少なくないと思います。しかし、そこで求められているのが普段の授業の取り組みを踏まえて、生徒一人ひとりの成長を受け止めて認め、励ますことだとわかれば、だいぶ肩の荷が下りるのではないでしょうか。ただし、授業中の生徒の発言や様子を観察したり、ワークシートなどの成果物を通して生徒一人ひとりの考えや取り組みを把握したりする必要はあります。

　本書の第4章では、評価を行う際の参考資料としても活用できるいくつかの授業プランを収録しています。例えば、「46 自分を励ます『パワーワード』」では、道徳の授業を通して出会った言葉や印象に残ったエピソードをふりかえり、ワークシートに言語化することで、道徳科の学びを通して自分がどのように成長したかを生徒自身に実感させることができ、またその様子を教師が見取ることができます。「48 道徳『褒メント』大会」では、授業の中で印象に残った発言や考えを生徒同士で褒め合うことで、自分とは異なる多様な意見を認め合い、励まし合って、道徳の授業にさらに意欲的に取り組むきっかけを作ります。こうした授業プランも参考にしていただいて、生徒が今後ますます主体的に"楽しく"道徳の授業に取り組めるようにするための評価のやり方を、先生方ご自身で探究してみてください！

4章

章 ラクに楽しくふりかえる

45 学期末・学年末の自己評価のときに
自分でつくる通知表

　学期や年度を通した道徳の授業で、自分が何を学んだのかを明確にし、自己評価する活動です。自分ができるようになったことをきちんと認めて、達成感を味わい、次の授業にも前向きに取り組めるようにしていきます。

準備するもの 教師：ワークシート、白チョーク（多めに）

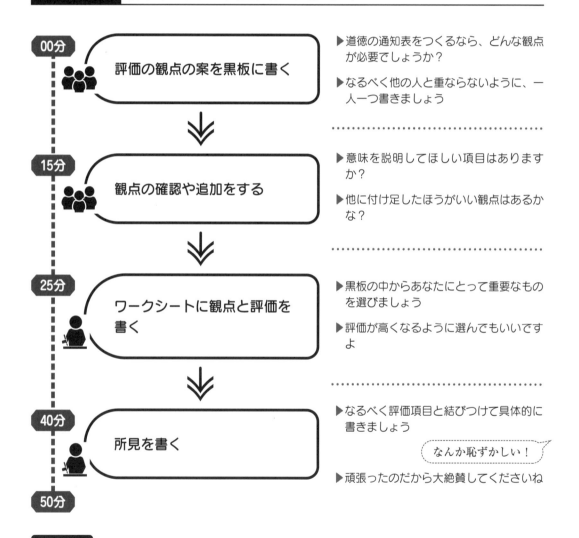

00分 評価の観点の案を黒板に書く
▶道徳の通知表をつくるなら、どんな観点が必要でしょうか？
▶なるべく他の人と重ならないように、一人一つ書きましょう

15分 観点の確認や追加をする
▶意味を説明してほしい項目はありますか？
▶他に付け足したほうがいい観点はあるかな？

25分 ワークシートに観点と評価を書く
▶黒板の中からあなたにとって重要なものを選びましょう
▶評価が高くなるように選んでもいいですよ

40分 所見を書く
▶なるべく評価項目と結びつけて具体的に書きましょう
　なんか恥ずかしい！
▶頑張ったのだから大絶賛してくださいね

50分

先生方へ

　各学期末の実施を想定しています。2回目以降は、1回目と見比べながら書くことをおすすめします。数値化は書きやすくするための工夫であり、本質的なものではありません。選んだ項目や所見欄から、それぞれの生徒が重視している事柄を見取ることができます。なお、自分を過小評価している生徒にはフォローをお願いします。最後の他者評価は、互いにワークシートを交換して書き合う形もおすすめです。

自分でつくる通知表

クラス（　　）番号（　　）氏名（　　　　　　　　　　）

道徳の通知表を、自分でつくります。道徳での自分の学びを振り返ってみましょう！

_____学期

＜項目＞	＜評価＞
例：どの授業にも積極的に取り組むことができた	5　4　3　2　1
	5　4　3　2　1
	5　4　3　2　1
	5　4　3　2　1
	5　4　3　2　1
	5　4　3　2　1

＜所見＞

・今学期の道徳で、自分が特によかった点について、自分を絶賛しよう。

・来学期の道徳で、自分に特に頑張ってほしいことについて、自分を励まそう。

・今学期の道徳で気づいた、誰かの特によかった点を、絶賛しよう。

_____さん

授業で学んだことを自分の中に位置づける

46 自分を励ます「パワーワード」

　教材やプリントを読み直し、困ったときや苦しいときに自分で自分を励ますための言葉（＝パワーワード）を探します。授業で学んだことを、その後の生活にも生かしていくことがねらいです。

準備するもの 教師：ワークシート、これまでの生徒のプリント

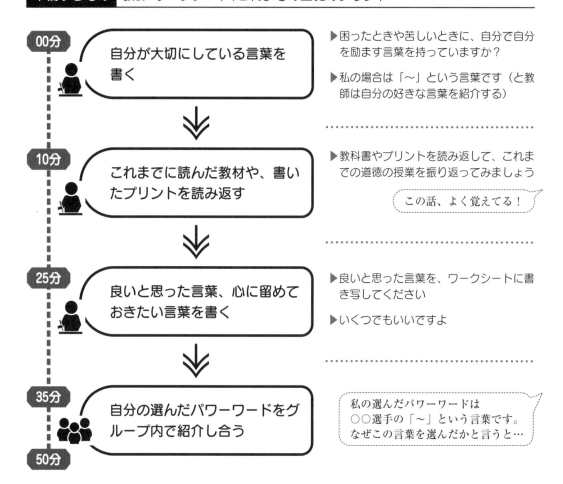

00分 自分が大切にしている言葉を書く	▶困ったときや苦しいときに、自分で自分を励ます言葉を持っていますか？ ▶私の場合は「～」という言葉です（と教師は自分の好きな言葉を紹介する）
10分 これまでに読んだ教材や、書いたプリントを読み返す	▶教科書やプリントを読み返して、これまでの道徳の授業を振り返ってみましょう この話、よく覚えてる！
25分 良いと思った言葉、心に留めておきたい言葉を書く	▶良いと思った言葉を、ワークシートに書き写してください ▶いくつでもいいですよ
35分 自分の選んだパワーワードをグループ内で紹介し合う **50分**	私の選んだパワーワードは○○選手の「～」という言葉です。なぜこの言葉を選んだかと言うと…

先生方へ

　学期の最後、年間の最後に適した活動です。授業内で出会った言葉を心に留めておき、困難や失敗に直面したとき、ふと思い出して自分を励ますきっかけにする。道徳の授業がそういうきっかけになればよいですね。子どもたちがどういう言葉を大切にし、今後の生活に生かそうとしているのかを見取ります。

●**参考文献・先行実践**
　「パワーワード」という言葉は、阿部利彦『大人が変われば、子どもが変わる　発達障害の子どもたちから教わった35のチェンジスキル』（合同出版、2020年）で用いられていたものです。

自分を励ます「パワーワード」

クラス（　　）番号（　　）　氏名（　　　　　　　　　）

「パワーワード」
…困難にぶつかったとき、失敗したときなどに、自分なりに自分自身を励ますための言葉。
　心に留めておいて大事にしている言葉。
　例）名言、ことわざ、四字熟語、家族や友達から言われた言葉、本や映画で知った言葉など

1．あなたのパワーワードは何ですか？

2．これまでに学習した教材、プリントの中から、パワーワードになりそうな言葉を探して
　みましょう。

（出典）

3．なぜその言葉を選びましたか。理由を書いてみましょう。

授業にノってこない生徒に何かしたいときに

テーマや教材との相性をふりかえろう

その学期の道徳の授業でのテーマや教材、学習活動との「相性」を考えます。自分の関心を自覚して、授業時に関心を持てなかったテーマに対しても、クラスメートの言葉をふまえて、違う視点を持つ機会にしましょう。

準備するもの 教師：ワークシート、付箋（2色）、白紙のB4用紙（20枚ほど）

事前準備
・その学期の授業一覧をワークシートに記入し、印刷する。
・B4の白紙に、ワークシートと対応する授業内容（番号）を書いておく。
・生徒に配布する付箋を2色用意する。

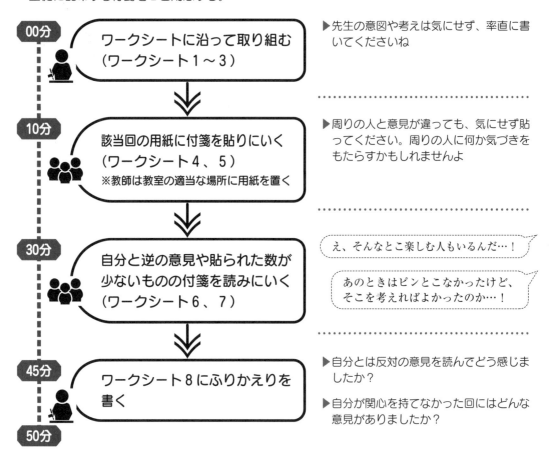

先生方へ

発言や記述の中で、教材や授業内容を軽視する態度や、各時の教師の意図と異なる理解が見られても、可能な限り自由に発言、記述できる時間にすることを心がけます。率直な意見を読み合うことを通して、次学期以降の道徳の授業に、全ての生徒が主体的に関わることができるようなふりかえりを行うことが目的です。Google Jamboard などのオンラインツールを使うと、より簡単に実施できます。

テーマや教材との相性をふりかえろう

クラス（　　　）番号（　　　）氏名（　　　　　　　　　）

1．一番好きな授業に♡を、嫌いな授業に☆を、それぞれ印欄に書いてください

時数	教材やテーマ、活動	印欄
回目		
回目		
回目		
回目		
回目		
回目		
回目		
回目		
回目		
回目		

2．♡をつけた授業が好きな理由を＿＿＿＿色のふせんに書いてください。

3．☆をつけた授業が嫌いな理由を＿＿＿＿色のふせんに書いてください。

　・理由はできるだけ詳しく具体的に書きましょう。

　・ふせんには氏名を記入しなくて構いません。

4．♡をつけた授業回の白紙に、＿＿＿＿色のふせんを貼りにいってください。

5．☆をつけた授業回の白紙に、＿＿＿＿色のふせんを貼りにいってください。

6．自分とは反対の意見のふせんを、読みにいってください。

7．貼られた数が少ない授業のふせんを、読みにいってください。

8．今日の授業を振り返って、気づいたことや感想を書いてください。

_____

_____

_____

周囲から評価してもらい今後につなげる

48 道徳「褒メント」大会

　１年間の授業を通じ、印象に残った授業、感じたことを発表し、周囲からコメントをもらいます。道徳の授業への参加を客観的に評価してもらう活動を通して、今後の道徳の授業への参加意欲を高め、自己評価につなげていきます。

準備するもの　教師：ワークシート

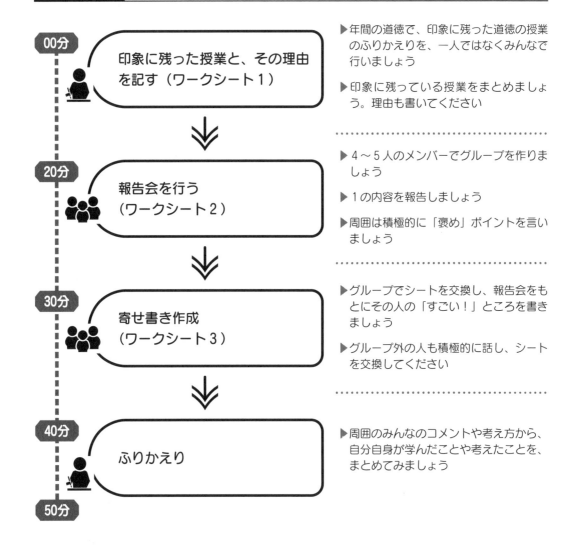

時間	内容	
00分	印象に残った授業と、その理由を記す（ワークシート１）	▶年間の道徳で、印象に残った道徳の授業のふりかえりを、一人ではなくみんなで行いましょう ▶印象に残っている授業をまとめましょう。理由も書いてください
20分	報告会を行う（ワークシート２）	▶４〜５人のメンバーでグループを作りましょう ▶１の内容を報告しましょう ▶周囲は積極的に「褒め」ポイントを言いましょう
30分	寄せ書き作成（ワークシート３）	▶グループでシートを交換し、報告会をもとにその人の「すごい！」ところを書きましょう ▶グループ外の人も積極的に話し、シートを交換してください
40分	ふりかえり	▶周囲のみんなのコメントや考え方から、自分自身が学んだことや考えたことを、まとめてみましょう
50分		

先生方へ

　互いを褒めるコメント（褒メント）を送り合うことで、明るく前向きな気持ちでふりかえりや自己評価、相互評価を行うことができます。相手にコメントしたり、ワークシートに記入する際には、なるべく具体的に書くよう促してください。

道徳「褒メント」大会

クラス（　　　）番号（　　　）氏名（　　　　　　　　　　）

1.　この１年間の道徳の授業で、印象に残っているものを書き、どんなところが印象に残ったかを記しましょう。

印象に残った授業	なぜ／どんなところが印象に残ったか
A	
B	
C	

2.　１の内容をグループに報告してみましょう。周りの人は、その人のことを褒めるコメント（褒メント）を寄せましょう（例：意外な感想、すごいと感じた考えなど）。

3.　グループのメンバーに「褒メント」を寄せ書き風に書いてもらいましょう！

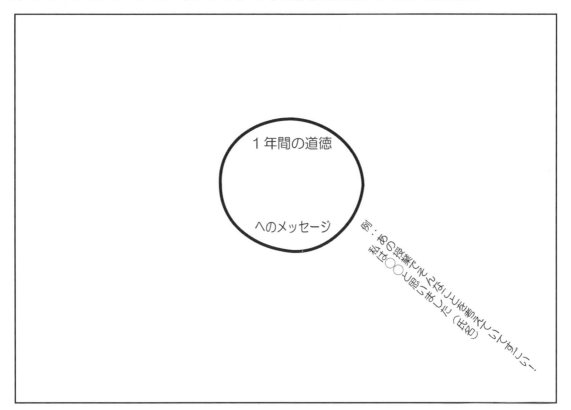

ふりかえり：周囲のみんなのコメントや考え方から、自分自身が学んだことや考えたことをまとめてみましょう。

普段の話し合いをよりよいものにするために

49 金魚鉢対話で話し合いを分析しよう

　グループごとに交代で話し合いとその観察を行い、自分たちの話し合いの様子を分析・考察します。生徒たち自身が、話し合いを通してより自由に考えられるようになるために、何が大切かを考えます。

準備するもの　教師：ワークシート

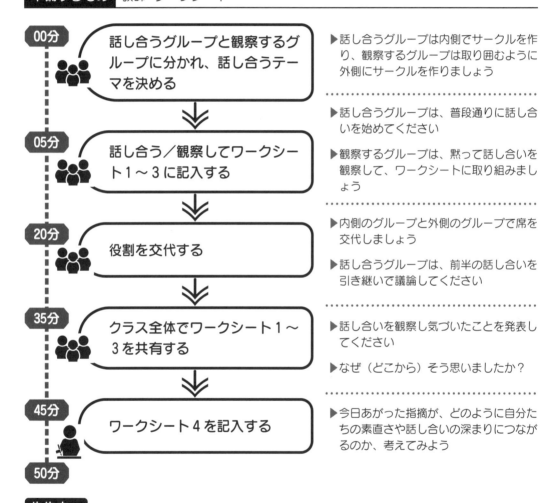

00分	話し合うグループと観察するグループに分かれ、話し合うテーマを決める	▶話し合うグループは内側でサークルを作り、観察するグループは取り囲むように外側にサークルを作りましょう
05分	話し合う／観察してワークシート1〜3に記入する	▶話し合うグループは、普段通りに話し合いを始めてください　▶観察するグループは、黙って話し合いを観察して、ワークシートに取り組みましょう
20分	役割を交代する	▶内側のグループと外側のグループで席を交代しましょう　▶話し合うグループは、前半の話し合いを引き継いで議論してください
35分	クラス全体でワークシート1〜3を共有する	▶話し合いを観察し気づいたことを発表してください　▶なぜ（どこから）そう思いましたか？
45分	ワークシート4を記入する	▶今日あがった指摘が、どのように自分たちの素直さや話し合いの深まりにつながるのか、考えてみよう
50分		

先生方へ

　話し合いの相互評価を通して、自律して話し合うために自分たちのあり方をどう変えていけばよいかを考えることが、この時間では重要です。ここでのワークシートの観点は「自由に考えられているか」「言いたいことが伝わるように表現できているか」「話し合いが深まるか」としていますが、活動を実施する目的に応じて別の観点を設定してもよいでしょう。

●参考文献・先行実践

M. Gregory [ed.] *Philosophy for Children Practitioner Handbook*. The Institute for the Advancement of Philosophy for Children, 2008.

金魚鉢対話で話し合いを分析しよう

クラス（　　）番号（　　）氏名（　　　　　　　　　　）

1．話し合いの中で、みんなの考えが深まるきっかけになったのはどんな発言だっただろう？　だれの、どんな問いや意見だったか、あとで見てわかるように書きましょう。

2．話し合いの中で、自由に考えられていなかったり、言いたいことを十分に表現できていなかったように見えた人はいますか？　だれの、どんな発言や態度について、そう感じましたか。

3．話し合いの中で、自由に考えられていたり、言いたいことを十分に表現できているように見えた人はいますか？　だれの、どんな発言や態度について、そう感じましたか。

4．今日の授業をふりかえって、自分たちで話し合いを進める上で特に大事だと思ったことと、その理由を書きましょう。

1年間を通して得た学びを次年度に引き継ぎたいとき

みんなで作ろう!「話し合って考えを深める心得」

　1年間の道徳の授業を思い出しながら、「話し合って考えを深める心得」をクラス全員で作ります。考えをみんなで深めていくためのコツや、話し合いを楽しく行うための心構えなどを次の学年に引き継いでいくことで、道徳の授業の話し合いを3年間かけてより楽しく、より深まりのあるものにしていきます。

準備するもの	教師：ワークシート

00分
今年の道徳の授業をふりかえり、ワークシート1に取り組む

▶印象に残っている出来事や、考えさせられた発言を思い出してみましょう

05分
今年の道徳の授業でどのように話し合いを行ってきたかを思い出しながら、2に取り組む

▶みんなで話し合って考えを深めるために大切だと思う「コツ」「ルール」「心構え」などは何かありますか?

10分
ワークシートを見合って、アイデアをシェアする

同じようなアイデアばかりかと思ったけど、意外とバラバラだね!

20分
「みんなで話し合って考えを深めるために大切なこと(コツ、ルール、心構えなど)は何か?」を議題にして、クラス全体で哲学対話を行う

他の人の考えを聞くことで自分の考えも深まっていくから、誰かが話しているときにおしゃべりしないでちゃんと聞くことは大事だと思う

発言を強制される雰囲気があると、かえって発言しにくくなるね

40分
対話で出てきた重要なアイデアを黒板に箇条書きし、「話し合って考えを深める心得」としてまとめる

▶みなさんが考えた「心得」は、あとで模造紙に清書して、新しい学年の教室に掲示します

50分

先生方へ

　この活動を行う前に、できれば49の「金魚鉢対話」も行っておきましょう。自分たちの話し合いを外側から客観的にチェックする体験をしたことがあると、話し合いを改善するにはどうすればよいかについて具体的なアイデアを出しやすくなります。哲学対話の進め方については「学習活動⑤哲学対話」を参照してください。黒板にまとめた心得は、授業後に教師と生徒が協力して模造紙などに清書して、教室に掲示できるようにします。次年度の最初の道徳の授業時に教室に貼り、今年度の道徳の授業を通して体験的に学んだ内容を次年度に引き継ぎます。

みんなで作ろう！「話し合って考えを深める心得」

クラス（　　）番号（　　）氏名（　　　　　　　　　）

1．今年の道徳の授業の中で、印象に残っている出来事や、考えさせられた発言を思い出して、書き出してみましょう。

★それが印象に残り、考えさせられたのは、なぜですか？

2．みんなで話し合って考えを深めるために大切だと思うこと（コツ、ルール、心構えなど）を3つ書きましょう。

心得1

心得2

心得3

※ワークシートを見せ合って、他の人のアイデアの中で「いいね！」と思うものが　あったら、以下にメモしてください。

心情円 ～気持ちを可視化する～

心情円とは？

　心情円とは、自分の気持ちの揺れ動きを可視化することのできる道具です。2つの心情で葛藤する場面や2つの対立する立場（意見）が出てくる問いについて考える際に、特に有効です。

　ワークシートにある2つの円を切り出し、黒と白のバランスを考えて組み合わせることで、自分がどちらの立場にどの程度共感（賛成）するのかを示します。

心情円を使う意義

　心情円を使うと、2つの心情や立場のどちらかに決めるのではなく、一方にどのくらいの程度傾いていて、もう一方にどの程度惹かれるのかを示すことができます。教科書の読み物や映像などの登場人物の葛藤を読み解く際や、ディベート（学習活動③）で扱うようなクローズドクエスチョンに対して自分がどの程度賛成できるかを考える際などに使えます。

　例えば、

・賛成と反対の2つの立場が出てくる問いに対して、自分がどの程度賛成できるかを表明する。

・ストーリー展開のある教材を示して、登場人物の言動に自分がどの程度賛成、同意、納得できるかを表明する。

といった使い方です。

　心情円を使うと自分以外の人がどのぐらいの割合で葛藤する心情や対立する立場を捉えているかが一目でわかります。グループ活動など、生徒同士で議論をはじめるときのきっかけとしても有効です。

さらに考えを深めるために使う

　加えて、心情円を使って意見や心情を表明した上で、「Aのほうに100％賛成できないのはなぜ？」「どういうところで迷った？」といった質問を教師が投げかけることで、考えを深める機会を簡単に作ることができます。

　また、グループ活動の中でそれぞれの作成した心情円を共有し、その理由を質問し合ったり、話し合いの中で自分の意見が変化した場合にはそれを動きで示したりと、様々な使い方が考えられます。ぜひ使ってみてください。

〈参考文献・先行実践〉
『平成31年度 中学校 新しい道徳』（東京書籍）

心情円

① 黒い実線に沿って、２つの円を切り出す。

② 黒い実線に沿って切り込みを入れる。

③ 切り込みに沿って、一方の円盤をもう一方の円盤に滑り込ませる。

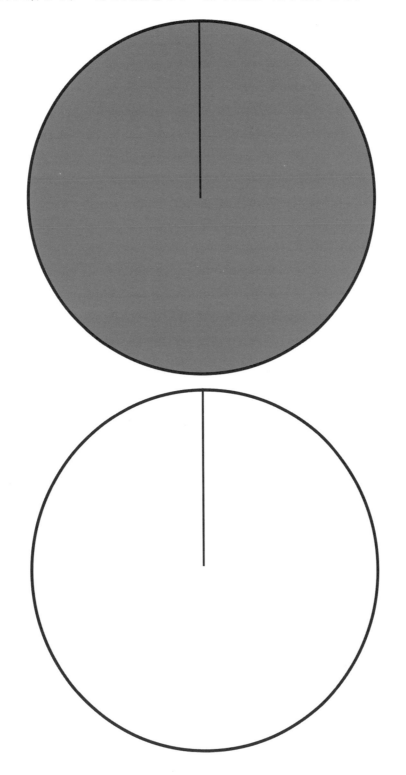

根っこの問い探し ～深い問いを探し当てる～

根っこの問い探しとは？

　二項対立の問いがあるとき、それぞれの立場をとる理由や根拠を掘り下げ、対立の元にあるより根本的な問いや、両者が一緒に探究できるより建設的な問いを、探し当てる活動です。

　たとえば「ペットにするならイヌかネコか？」のような簡単な問いでも、掘り下げると、より深い問題にたどり着くことがあります。もし、イヌを飼う理由として「飼い主に忠実で、人間の気持ちをよく理解してくれるから」、ネコを飼う理由として「気ままで自由な姿を見ると癒されるから」と挙げられたとすれば、「ペットには飼い主に忠実であってほしいか、自由であってほしいか」という価値観の違いから、それぞれの立場が派生しているとわかります。

　別の例として、「身だしなみに関する校則は必要か？」という問いについて、必要だという立場の根拠として「校則がないと奇抜な格好をする人もいるから」という理由が挙げられたら、「なぜ学校で奇抜な格好をしてはいけないのか？」とさらに考えを深めることもできます。そうすると、「授業のときに気が散って学習に身が入らなくなるかも」「地域のかたが驚いて学校の評判が悪くなるかも」などの理由が挙げられると予想されます。そして、もう一方の校則は不必要だとする立場の根拠として「個性を自由に表現することは大切だから」との理由がもし挙げられたら、「個性と奇抜さの違いは？」「個性を伸ばしながら勉強も頑張るには？」「個性的な服装の人を見ると驚くのはなぜ？」などの、より深い問いを探し当てることができます。

根っこの問い探しのやり方

　やり方はとてもシンプルです。二項対立の問題について、二つの立場をワークシートに書き、それぞれの立場の理由や、理由の理由を「根っこ」のように列挙していきます。そして、それらの理由を見比べた上で、より重要な問いを見つけ出します。

根っこの問い探しの意義

　自分と異なる立場の理由や根拠を想像し、確かめる習慣が身につきます。理由を考え合い、伝え合うことで、水掛け論に陥らず、一緒に考える経験になります。また、問いを立て直す活動を通じて、問いには表面的な問いとより深く根源的な問いがあると理解し、見かけの対立にとらわれず、共に考え議論していくための共通の地平を探れるようになります。さらに、このワークをそれぞれの生徒が行った上で、クラスの中で共有すると、最初は単純に見えていた一つの問いの中にも、多様な論点が含まれていることがわかります。一つの物事を多角的に考えることや、たくさんの問題に出会うことの楽しさを味わえる活動にもなっています。

〈参考文献・先行実践〉
村瀬智之「『哲学的探求とは何か』に関する一考察—哲学教育の観点から—」『子どものための哲学教育研究』（山田圭一編、千葉大学大学院人文社会科学研究科研究プロジェクト報告書第255集、2013年）

根っこの問い探し

クラス（　　）番号（　　）氏名（　　　　　　　　）

＜進め方＞

1. はじめの問いと、2つの立場を書きましょう。

2. それぞれの立場の、理由や根拠を考えます。さらに、理由の理由も掘り下げます。

3. ある程度掘り下げたら全体を見渡して、より根本的な対立についての問いや、両方の立場の人が一緒に考えられる問いを、見つけてみましょう。

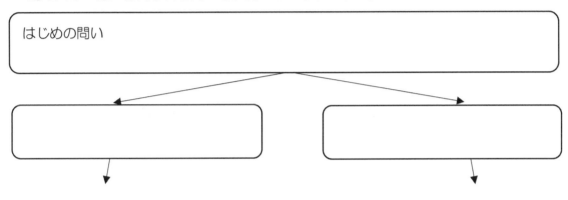

はじめの問い

根っこの問い

今日の授業で気づいたこと

_____

_____

ディベート ~議論を通して考えを深める~

ディベートとは？

　ディベートとは、あるテーマや問いについて、肯定側（賛成派）と否定側（反対派）の二つの立場に分かれて、それぞれの立場から第三者（ジャッジ）を説得する形で議論するゲームです。

　ディベートの場合、哲学対話（学習活動⑤）と違って、議題になる問いは「はい／いいえ」「賛成／反対」のように二つの立場が出てくるもの（クローズド・クエスチョン）でなければなりません。例えば、次のようなものです。

・日本の学校では部活動を廃止すべきであるか？

・ゴミ袋は有料化すべきであるか？

・死刑制度は廃止すべきであるか？

　通常ディベートでは、それぞれの立場からの主張がどれくらい説得力のあるものだったかを、最後にジャッジ（審判役）が判定します。つまりディベートとは、自分の主張と、相手の主張への反論を論理的に組み立てることで、第三者を説得することを目指す活動なのです。

　50分の授業時間内で効率よくディベートを進めるために、肯定側と否定側のグループ分けはランダムに行います。あえて自分の個人的な考えを脇に置くことで、客観的な視点から論題と向き合い、理由づけする訓練になります。そのことによって、普段気づかぬうちに抱いている自分の信念に気づき、それをみずから問い返し、問題を多面的・多角的に捉える機会となります。また、対立する二つの立場を乗り越えられるような、よりよいアイデアや立場を考える問題解決型の学習とすることもできます。具体的な授業のやり方の一例として「32 自然環境と人間のくらし、どちらが大事？～Ｅテレ×ディベート～」を参照してください。

50分でできるディベートの進め方

分	活動の進め方
00	・教師がディベートの進め方を説明し、本時で扱うテーマや問いを提示する。 ・肯定側・否定側に分かれ、グループごとに席をまとめる。
15	・グループごとに、それぞれの立場（主張）の説得材料を考える。【ワーク１】
20	・ワーク１をもとに、それぞれの主張を順番に述べる。
25	・グループごとに、相手のグループへの質問と反論を考える。【ワーク２】
30	・ワーク２をもとに、相手の主張に対する質問や反論を順番に述べる。
35	・グループごとに、相手のグループからもらった質問や反論への応答を考える。【ワーク３】
40	・ワーク３をもとに、相手のグループからもらった質問や反論への応答を順番に述べる。
45	・教師が、ジャッジとして、どちらのグループに説得力があったかを理由とともに具体的に述べる。

※肯定側・否定側に加えて第３のグループを作り、そのグループの生徒にジャッジ役を任せることもできます。

ディベート（グループワーク用）

今回の議題（問い）：

このグループは、

賛成派 ・ 反対派

[ワーク1]：自分たちのグループの立場（主張）を確認して、相手のグループを説得する材料を考えよう。

私たちのグループの立場（主張）は・・・・

説得する材料（この立場が正しいと思える理由や根拠は？ この主張のメリットは？）

[ワーク2]：相手のグループの人たちへの、質問や反論を考えよう。

[賛成 ・ 反対] のグループに対する質問・反論

[ワーク3]：相手のグループから受けた質問・反論に対して、応答してください。

[賛成 ・ 反対] のグループから受けた質問・反論

それに対する応答は・・・・

ディベート　ジャッジ用ワークシート

クラス（　　）番号（　　）氏名（　　　　　　　　　　）

今回の議題：

肯定側＿＿＿＿＿＿＿＿＿＿＿＿　VS.　否定側＿＿＿＿＿＿＿＿＿＿＿＿＿＿

〇よかった点と改善したほうがいい点を記録しよう。

・肯定側の主張

・否定側の主張

・肯定側の質問と反論

・否定側の質問と反論

〇今回のディベートのよかった点と改善点を総評してみよう。

サイレント・ダイアローグ ～話すことが苦手な生徒も参加できる～

サイレント・ダイアローグとは？

サイレント・ダイアローグとは、ワークシートなどに問いや意見を書きながら、別の人に回していくことで対話する活動です。つまり、ディベート（学習活動③）や哲学対話（学習活動⑤）などに代表される生徒同士の議論を、口頭で話し合うのではなく紙の上で実現するものです。

ディベートや哲学対話は、基本的に「聞く・話す」を通した対話を前提とした活動です。ところが、生徒の中には「聞く・話す」を通して考えることが得意な生徒もいれば、「読む・書く」を通して考えることが得意な生徒もいます。また、仲間内で考えたり話したりすることには抵抗のない生徒でも、大勢を前に発言するのは苦手だということもよくあります。そうしたときに、口頭ではない方法で、「みんなで」意見を聞き合いながら、テーマや問いについて考えを深めるためにうってつけの活動です。

次頁のワークシートは記名式ですが、生徒一人ひとりに記号や番号を割り振れば、匿名での意見交換も可能な活動です。新年度が始まって間がない頃などクラス内での人間関係に不安がある場合でも、安心してクラスメートの意見を聞き、それに応答する機会を設けられる活動です。

サイレント・ダイアローグのやり方

議論に向いた問いであれば、クローズドクエスチョンでもオープンクエスチョンでも進められる活動です。ワークシートと以下の進め方を参考にしてください。

分	活動の進め方
00	・本時で扱うテーマや問いを提示する
05	・ワーク１に取り組む。 　その際、理由も併せて書くことや、できるだけわかりやすい表現で書くよう心がけることを伝える。 ・ワークシートを回収し、シャッフルして配布する。
15	・ワーク２に取り組む。 　その際、理由も併せて書くことや、自分の意見は横に置いて反論するように伝える。 ・ワークシートを回収し、シャッフルして配布する。
25	・ワーク３に取り組む。 　ワーク１と２の記述に共通している前提や対立点を探すよう伝える。 ・ワークシートを、ワーク１を書いた生徒に戻す。
35	・ワーク４に取り組む。 　反論や議論への指摘を読んで、自分の思考をふりかえり、考えが変わったかどうか意識するよう促す。また、この議論を受けてさらに考えたい問いを作るように促す。

〈参考文献・先行実践〉

シャロン・ケイ＆ポール・トムソン（著）、河野哲也（監訳）『中学生からの対話する哲学教室』（玉川大学出版部、2012年）

サイレント・ダイアローグ

テーマ・問い

[ワーク1：問いについて、自分の考えを書こう]　氏名

[ワーク2：1の人に対して、あえて反論してみよう]　氏名

[ワーク3：1と2を読んで考えたことを書こう]　氏名

_____

_____

_____

_____

_____

_____

_____

[ワーク4：全体を読んで考えたことや感想を書こう]

_____

_____

_____

_____

_____

_____

_____

哲学対話 〜話し合うことで考えを深める〜

哲学対話とは？

　哲学対話とは、哲学的なテーマや問いについて、じっくり自由に話し合うことで、考えを深めていく活動です。子どものための哲学・P4C（ピーフォーシー）などと呼ばれることもあります。

　哲学的なテーマや問いといっても、後に例示するように難しく気構える必要はありません。教師がテーマや問いを提示して対話を始めることもできますが、生徒に問いを挙げてもらうのが一般的です。実際の授業では以下のように授業が進みます。

哲学対話の進め方

〈準備〉

　・クラス全員で円になって座る。
　・この授業で話し合う問いを決める。

〈対話〉

　・少し時間をとって、決まった問いについて自分の考えを持つ。
　・発言したい人が挙手して、意見やそう考えた理由を言う。
　・他の人は発言を聞き、出てきた意見に対して質問をしたり別の意見を言ったりする。
　・教師は、生徒たちの対話がかみ合っているか、対話に追いついていない生徒がいないかに留意しながら対話を整理することに努める。

〈ふりかえり〉

　・よく人の話を聞けたか、自由に発言できたか、考えが深まったか、などの観点で対話をふりかえる。

実施する際の留意点

　哲学対話で扱う問いの特徴は「一つの答えがすぐに決まらない」ことです。そうした問いに対して、じっくり時間をかけて意見を聞き合いながら向き合うことで、新しい気づきを得たり、自分では思い至らなかった意見を知ったり、考えを進める上でわからないことを自覚したりすること、すなわち考えを深めることに、この活動の目的はあります。

　そのために「じっくり自由に話し合う」わけですが、この場合の「自由に」とは、生徒の思考が「自由に」展開されることを期待した表現です。そのためには、教師の側に次のような工夫、心がけが必要でしょう。

沈黙を恐れない：生徒が沈黙しているからといって、かならずしも考えていないわけではありません。じっくり考えるためには、アイデアや考えが浮かぶのを教師が待つことも必要です。

どんな内容でも真剣に聞く：一見、問いや話題と無関係に見えたり、ふざけているような発言に見えたりしても、発言をやめさせてしまうと、生徒が率直に意見を言いづらくなってしまうこと

があります。

わからなさに敏感になる：出てきた意見に対して、「なぜ？」「例えば？」「どういうこと？」など、教師が聞いていてわからないと思った点を素直に質問してあげることが議論や考えを深めるのに効果的です。生徒同士で問い合うことを推奨するのもよいでしょう。

結論を示そうとしなくていい：教師が結論を示したり、授業のまとめをむりやりしようとすると、生徒がそれを言いあてようとしたり、教師の発言以上のことを考えなくなってしまうことがあります。

悪意のある発言は NG：自由に考えていい場だとはいえ、人をバカにしたり個人を攻撃したりする発言は最低限注意するようにしましょう。

　また、学級の人数が多いなど、全体で丸くなって話し合うことが難しい場合、次のような手段があります。

金魚鉢対話：二重の円を作り、内側のグループが対話をし、外側のグループは対話を聞いて終了後にフィードバックする方法です。具体的なやり方は「49 金魚鉢対話で話し合いを分析しよう」を参照してください。

生徒に司会を任せてグループを分ける：生徒が哲学対話に慣れている場合、司会役を生徒に任せて班活動や中規模のグループ活動にすることもできます。

哲学対話の問いの例

　哲学対話で話し合われる問いの例を紹介します。（　）内は該当する内容項目です。

・友達と親友の違いは？（友情、信頼）

・悪人にも優しくすべきか？（公正、公平、社会正義）

・ロボットと家族になれるか？（家族愛、家庭生活の充実）

・なぜ学校に行かなくてはいけないのか？（よりよい学校生活、集団生活の充実）

・幸せってなに？（よりよく生きる喜び）

哲学対話の意義

　人によって様々な考えがありうる問いをめぐって、それぞれの意見を聞きながらじっくり自由に話し合うことは、なによりもまず楽しいことです。生徒たちはこうした楽しい活動を通して、相手の意見をゆっくり注意深く聞くことや、どのような考えにも敬意を払うこと（茶化したり無視したりしないこと）、自分と違う意見に対しては相手への攻撃や人格否定にならない仕方で質問したり反論したりすることを自然に学んでいきます。対話という活動を通して、学級を「お互いがお互いを個人として尊重し合うコミュニティ」にしていくことが、道徳の授業の中で哲学対話に取り組む意義です。

〈参考文献・先行実践〉

土屋陽介『僕らの世界を作りかえる哲学の授業』（青春出版社、2019年）

土屋陽介「哲学対話を取り入れた道徳科授業の学習指導案例」『道徳教育（新しい教職教育講座 教職教育編7）』（荒木寿友・藤井基貴（編著）、ミネルヴァ書房、2019年）

Q1．発言しやすい雰囲気をつくるために、どのような工夫をしていますか。

○誰もが発言しやすい教室とは、語り手が（特定の生徒や教師にではなく）クラスのメンバー全員に向けて話しており、かつ、教室内にいる全員が、語り手の意見や問いかけを受け止めようとしている教室のことだと思います。このような教室を実現することはとても難しいことですが、少しずつそれに近づけていく努力が必要です。まずは教師が生徒の発言を受け流したり、教師のねらいに無理に回収したりせずに、そのつど真剣に受け止めることが肝要だと思います。また、生徒たち自身が対話の姿勢を振り返る活動（「49 金魚鉢対話で話し合いを分析しよう」など）を取り入れることも効果的です。（M）

○道徳の授業に関しては、教師が積極的に「教える」という立場から降りる必要があると思います。それを生徒にわかりやすく示すためにも、教卓をどける、黒板の前で話さない、サークルを作って生徒と同じ場所に座る、などの形から入ることは有効です。また、司会進行を生徒に委ねるのも良い方法です。その場合、教師は一参加者として対話に加わることができます。一方で、攻撃的な発言、人格否定、差別的な発言などがあった場合には、教師としてすぐにそれを注意しなければなりません。それにおびえて生徒が発言できなくなることを防ぐためです。（S）

Q2．生徒から同じような意見ばかり出ます。多様な意見を引き出すためにどう工夫していますか。

○同じような意見が多く出る原因として、人と違う意見であることを恐れている、まわりの雰囲気に流され真剣に考えられない、いくら考えても思いつかないといったことが挙げられます。教師が思わず「自分たちで考えてみたい！」と思う問いを授業に組み入れ、教師も同じ目線で考えたり、多様な意見も受け入れる姿勢を示したりすると効果があると思います。また、年度初めなどでクラス全員の前で意見を述べさせることが難しい場合、紙に書かせて、匿名で教師が発表するのも効果的だと思います。（O）

○まず、多様な考えがあるほうがみんなの思考が深まるということや、この教室では人と考えが異なることで（褒められることはあっても）虐げられることはないということを、何度も繰り返し説明します。次に「発言は必ずしも自分の考えでなくていいよ」と声かけをし、その上で「私は○○だと思うけれど、～～と考える人もいるかもしれない」「私は○○中の生徒なので～～と思うけれど、□□の立場の人なら別の意見をもっていると思う、なぜなら……」などの言い回しを教えます。私の経験では、こうすると生徒たちは競って多様な意見を出してくれます。（G）

Q3. 特定の生徒から極端に偏った意見が出た場合、どういう対応をしますか。

○まずはその意見が出た理由や背景を最後まで聞いた上でその意見を受け入れます。その後は複数の生徒に発言を促してその意見についての応答をしてもらいます。もし生徒がその意見に対して応答するのが難しかったり、その意見に同調して異なる意見が出にくい雰囲気になったときは教師が反対の立場となって質問を投げかけます。そうすることで生徒は自分以外の立場や意見に触れて自分の意見を相対化しやすくなると思います。なお、私はたとえ常識的に受け入れがたいものでも「その考えは間違っている」などは決して言いません。（T）

○まずは、その意見をよく聞き、どのような意図で発言したのかも含めて理解することが重要だと思います。明らかに他者の人権を侵害するものであった場合、毅然とした態度で理由を明確にして注意します。意見の表現の仕方が他者を傷つけるものであった場合、意見を出した生徒や他の生徒に対し、どのように表現方法を変えればよいか聞いてみます。授業空間の安全を保つために、他者を故意に傷つける言動は許されませんが、何が正しく何が正しくないか、学級全体で共に考える姿勢も失わないようにしたいと思っています。（O）

Q4. 生徒主体の授業で、教え込みにならないように教師の思いを伝えたいときにはどうしたらいいですか。

○私の場合、教師である自分の発言も、生徒の意見と同じ一つの意見として受け取ってもらえるようにしています。自分の意見をあえて言わないようにすることは少ないです。ただそのために、道徳的な問題について言及するときには、授業内外を問わず、私の側にも逡巡があることや、生徒の様子をその都度把握しながら、「考えて発言している」ことが伝わるように振る舞っています。その意味で、教師としての自分の発言が相対化されることを恐れず、積極的に生徒の側へ「降りていく」ようにしていると言えるかもしれません。（M）

○教材や活動の中に取り入れます。まず、教師自身の気持ちをふりかえり、生徒たちが考えたことのない新たな視点を示したいのか、それとも、生徒たちがわかったつもりで軽視していることを改めて見つめ直させたいのかを考えます。そして、前者の場合は新たな視点に気づける教材を探し、後者の場合はその事柄の難しさについて考える指導案を作ります。また、授業のなるべく早い段階で「これに気づいてほしい」「この問題について考えたい」と明言することで、授業が「先生が気づかせたいことを当てるゲーム」にならないよう留意しています。（G）

Q5．教科書はどのように活用していますか。

○積極的に編集して活用します。問題や葛藤の部分だけを読み、自分ならどうするか考えてその理由について話し合ったり、キーフレーズを隠し、どんな言葉を入れるべきか考えたりします（当てるクイズにならないよう注意しつつ）。また、教科書に示された内容項目や発問にとらわれず、なるべく多様な観点から検討するようにします。一つの考えに誘導されたとか、わかりきったことを聞かれたと感じた途端、生徒は考える気を失くしてしまうので、「もしも〜〜なら」「そもそも〜〜なのか」など、教材内容の先や前提を考える活動を多く取り入れるように留意しています。（G）

○教科書は生徒に考えるきっかけを与えるための良いアンソロジーだと思います。ただ、テーマが明示されていたり、発問が限定的な場合もあるため、そのまま使うと生徒にとっては先の見える面白みのない授業になるかもしれません。それを防ぐためにも、教材を読んでそこから生徒自身が問いを立てるのがよいでしょう。クラスで考えたい問いを決めたら、教材から離れて哲学対話を行うというのが、私がよくやる授業展開です（教材は一つの具体例となる）。登場人物の心情を考える活動は導入にとどめ、教材をもとに一般的な問いを立てるように促します。（S）

Q6．授業の終わり方はどのようにしていますか。

○授業の中で行ったアクティビティが盛り上がったか否かにかかわらず、「このまま授業の主題を考え続けるなら、自分はどのような論点を考えるか」を伝えるようにしています。授業の流れをふりかえった上で、あえて疑問を残すことで、授業外でも道徳的な問題に関心を抱き、考え続ける態度を身につけてほしいというメッセージになると考えています。よく生徒には「先生は、"どうなんだろうね？"ばっかりだよ」と言われますが、むしろその印象こそ生徒の主体性を育むと信じて、そのように振る舞っています。（M）

○授業中に気づいたこと、終わりに考えていること、授業をふまえ浮かんだ問いなどを、簡単に書き残してもらうことが多いです。これはその授業のふりかえりの意味があるのはもちろんですが、自分の思索の跡を残しておくことで、後々生徒自身で読み返して考えてほしいという願いからの活動でもあります。時間がないときは、何人かの生徒に、授業の終わりに考えていることを発言してもらうこともあります。教師のほうで結論をまとめることはしませんが、何か一つの問いかけで終わることもあります。いずれも、授業の後も生徒たちに考え続けてもらうための工夫です。（G）

Q7．道徳の授業と他の学校生活をどのように関連づけていますか。

○道徳の授業を柔軟に設計することで、教科間での連携を図ったり、生徒のスキルを総合的に伸ばしたりすることが可能だと思います。例えば、道徳の授業で論理や対話の手法を集中的に学び、それを他教科の授業に応用する。また、道徳で「美」をテーマとして取り上げ、美術作品の美、文学作品の美、数学の証明の美しさなど、「美」をキーワードにした教科横断的な理解を生徒に促すこともできます。クラスの問題を解決するための道徳の授業、というのも良いですが、もっと可能性を追求してみたいところです。（S）

○学級やクラブ活動もそうですが、家庭なども含めて人間関係に問題を抱えていると学校生活全体に困難が生じます。道徳を他教科と同列に考えたり付属物のようにみなすのではなく、教科の学習だけでない学校生活の根底にある人間関係や自分らしさの軸に作用するような根本的な学びとして捉えることが重要ではないでしょうか。とくに日本の児童・生徒は自己肯定感が世界的に見て低いため、定期試験による総括的評価ばかりではなく、考え議論する中で見える非認知能力を見とって伸ばしていくことが必要です。（K）

Q8．ICTをどのように活用していますか。

○Googleアカウントを作り、Documentなどを用いてファイルを作成すれば、ウェブ上で同時編集やコメントをつけるなどのやり取りができます。しかも授業内である必要はないので、時間と空間に縛られず非同期的に紙上対話が可能になります。その際、対面のコミュニケーションとは異なる表現方法について実践しながら考えることは、「礼儀」や「おもいやり」など道徳の授業のテーマになり得ます。オンライン授業であっても、Zoomなどのウェブ会議ツールを用いれば、一緒に動画を見ることも発表することも可能です。（K）

○双方向を可能にするICTソフトウェア（Google Jamboard・ロイロノートなど）を活用し、グループワークや意見の共有、ギャラリーウォークなどに活用します。生徒たち各自がタブレットなどで意見を記入し、それを共有して相互の意見を確認したり、あるいは、みんなで意見を集約したりできます。マインドマップのようなものを作成するのにも適しています。授業終了時には、Googleフォームで感想や、感じたこと、あるいは特に興味深かった仲間や内容に関して、アンケートを取り、客観的に自分の取り組みを評価することができます。その他、Q＆Aや投票に使えるSlidoや、ホワイトボードサービスmiroなど、試してみると面白そうなサービスが色々あります。（F）

Q9. 教材はどのように探したり、選んだりしていますか。

○教材探しというと、書店の「教材本」や教材提供のサイトばかりに目がいきがちですが、意外なところに「教材」のネタは転がっていたりします。まちなかの看板や標語、あるいはドラマやマンガの一節、アスリートのコメントやインタビューなど、担当される先生方の収集する「生」の教材は、生徒たちにも実感をもって受け入れられやすいと感じます。（F）

○まず授業の主題や目的を明確にします。それは、授業を通して生徒にどのような概念理解を促したいかということであり、22の内容項目はそのための観点の違いだと捉えるのがよいでしょう。教材や内容項目について教えようと思うのではなく、それぞれの項目のどのような側面について生徒と一緒に考えようか、という発想が大切です。優れた作品にはそういった概念的、本質的な問いが含まれています。教師自身が何か考えたくなるような作品や素材に出会った場合、それは生徒にとっても良い教材となるはずです。教材についてはコラム③を参照してください。（S）

Q10. 校内でどのような体制をつくると教員同士の連携がうまくいくと思いますか。

○本校では全教科に関わるアクティブ・ラーニング型授業一般の研究・報告を行う教師15人程度のミーティングおよび授業１〜２コマが毎週あり、そこで得られた知見は「考え、議論する道徳」の「考え、議論する」部分に適用されています。道徳の特殊性を軽視しないよう気をつける必要はありますが、アクティブ・ラーニング型授業の設計・実践は、考え議論する道徳授業の設計・実践と地続きに考えられると思います。であれば、校長のリーダーシップや道徳教育推進教師のコーディネートなどがあるにしても、教科を超えた教員同士の交流の場が必要です。（K）

○「こんな教材を作りました」「こんな指導案はどうでしょうか」といったものをできるだけお互いに共有し合うことが大切だと感じます。「道徳教材共有フォルダ」といったようなものを作成し、教材をお互いに入れておく工夫を行います。教材探しや授業案づくりは、プリント作成が好き、ICTを活用しての授業が得意、ファシリテートの意識が高いなど、それぞれの先生の得意分野を生かすように行うと効果的です。前提となる認識は「みんなで共有しよう」です。（F）

Q11. 生徒の考えが「深まる」とはどういうことだと思いますか。

○教材や話し合った具体例から、抽象的な問いが立てられるようになったり、他の状況に応用して考えられるようになることだと思います。抽象と具体を行き来しながら、他のケースはどうだろう？　すべてのケースで当てはまるのだろうか？　と批判的に考えられるような習慣がついているのであれば、その生徒は「深く」考えていると言えるのではないでしょうか。そしてそれを授業中に積極的に促していくのが、教師の役目だと考えています。（S）

○生徒がその問いやテーマについて、これまでもっていた考えよりもより多くのことを話したり書いたりして表現することができるようになることだと思います。はじめは一つの意見とその理由ぐらいしか話せないと思います。その意見をさらに問い続けてより根本的な部分まで考えてみたり、他者の意見から刺激を受けて多様な視点から吟味したりすることで、それについてさらに多くのことを考え、表現できるようになります。授業の最初と最後に問いやテーマについての自分の考えを書かせて見比べるとき、生徒の考えが深まっていることを実感できます。（T）

Q12. 評価について工夫している点や、記述による評価を書く際に留意している点を教えてください。

○道徳の時間では、授業内容や、級友の多様な意見に触れることが大事です。授業中は、個々の生徒がどれだけ活動や内容に向き合えているかを見取ります。その際、見取る基準をいくつか用意すること、基準を高くしないことを心がけます。そうして個々の生徒の「授業に向き合う兆し」を逃さないようにして、通知表の記述では、とにかく褒めます。「教科」としての道徳は中学で終わります。「できなかったこと」ではなく「できたこと」に焦点を当て、（授業外でも）道徳的な事柄に向き合うことに対してポジティブな印象をもてるようにします。評価についての考え方や具体的な方法についてはコラム④や第4章の授業プランを参照してください。（M）

Q13. 新型コロナウイルス感染予防をしながら、どのように考え議論する道徳を行っていますか。

○フェイスシールドや席移動の制限などによる感染予防をする中で、発言や活動が控えめになってしまう生徒もいると思います。しかし感染対策は、「楽しい」「おもしろい」という授業のモチベーションをも予防するものではありません。まずは生徒に楽しく活動してもよいことを伝えた上で、ICTの活用や紙媒体で意見を交わす工夫などをするとよいと思います。また生徒と一緒にどうすれば感染予防をしながら「考え、議論する道徳」が行えるのかを考えることで、生徒が感染予防に主体的に協力する姿勢を期待することができます。（O）

○適度に距離を保ちながら活動するため、教室以外の場所の魅力を見つけます。例えば校庭の自然に触れて自然の崇高さに関わることができます。自然の少ない都市部では巨大建造物などを工業芸術作品として扱えるかもしれません。コロナ禍で疲れた生徒にとって、自然にふれると色々な発見があるようです。道具の面では、100円ショップでも買えるミニホワイトボードはふだんの議論を視覚的なものにしますし、Google Classroomなどのオンラインツールは提出物の共有と相互コメントなど授業時間外の非同期的なコミュニケーションを可能にします。（K）

おすすめ教材リスト

本編の授業プランで紹介した教材以外にも、ユニークな素材はたくさんあります。
リストを参考にしながら、ぜひオリジナル教材も探してみてください！

◆絵本

・荒井良二『きょうはそらにまるいつき』（偕成社、2016年）〔D〕
・池田香代子、C.ダグラス・ラミス『世界がもし100人の村だったら』（マガジンハウス、2001年）〔C〕
・長田弘／いせひでこ『最初の質問』（講談社、2013年）〔A〕〔D〕
・キース・ネグレー／石井睦美『せかいでさいしょにズボンをはいた女の子』（光村教育図書、2020年）〔C〕
・小泉吉宏『戦争で死んだ兵士のこと』（KADOKAWA、2001年）〔D〕
・シェル・シルヴァスタイン『おおきな木』（あすなろ書房、2010年）〔C〕
・天童荒太／荒井良二『どーしたどーした』（集英社、2014年）〔B〕〔C〕
・中山千夏／和田誠『どんなかんじかなあ』（自由国民社、2005年）〔B〕〔C〕
・長谷川義史『ぼくがラーメンたべてるとき』（教育画劇、2007年）〔C〕
・やなせたかし『あんぱんまん』（フレーベル館、1976年）〔C〕
・ヨシタケシンスケ『ぼくのニセモノをつくるには』（ブロンズ新社、2014年）〔A〕〔B〕

◆マンガ（１話完結、短編のもの）

・小泉吉宏『ブッタとシッタカブッタ1 こたえはボクにある【新装版】』（KADOKAWA、2014年）〔A〕〔D〕
・藤子・F・不二雄「テレパ椎」『藤子・F・不二雄 SF 短編集〈PERFECT 版〉(7)』（小学館、2001年）〔C〕
・星野ルネ『まんが アフリカ少年が日本で育った結果』（毎日新聞出版、2018年）〔C〕
・松本零士「なまけものの鏡」『銀河鉄道999(4)』（小学館、1997年）〔A〕
・山田胡瓜『AI の遺電子』（秋田書店、2016年）〔D〕
・吉野源三郎 原作・羽賀翔一 漫画『漫画 君たちはどう生きるか』（マガジンハウス、2017年）〔A〕〔B〕

◆映像作品（短い作品）

・『アニメ DVD あたしンち傑作コレクション うちのお母さん見てビックリしないでね!!』より第 8 話「お母さんの正義感」（KADOKAWA ／メディアファクトリー、2015年）〔C〕
・インパルス『地下室』より「居たい場所、居るべき場所」（よしもとアール・アンド・シー、2011年）〔C〕
・『キノの旅—the Beautiful World—the Animated Series』より第 3 話「迷惑な国」（NBC

ユニバーサル・エンターテイメントジャパン、2017年）〔C〕
・鉄拳「ずっともだち」（パラパラ漫画）https://youtu.be/jx0y9bwxlJg1 〔B〕
・NAMIKIBASHI『日本の形』シリーズより「鮨」https://youtu.be/xkKSJFLuy_w 〔D〕
・Prince Ea「I SUED THE SCHOOL SYSTEM !!!」https://youtu.be/dqTTojTija8 〔C〕

◆教材を探すためのウェブサイト

・NHK for School
　オン・マイ・ウェイ　https://www.nhk.or.jp/school/doutoku/onmyway/ 〔A〕〔B〕
　〔C〕〔D〕
　Q～こどものための哲学～　https://www.nhk.or.jp/school/sougou/q/ 〔A〕〔B〕
　〔C〕〔D〕
　昔話法廷　https://www.nhk.or.jp/school/sougou/houtei/ 〔C〕
　スマホ・リアル・ストーリー　https://www.nhk.or.jp/school/sougou/sumaho/ 〔B〕
　〔C〕
　メディアタイムズ　https://www.nhk.or.jp/school/sougou/times/ 〔C〕
・NHK スペシャル「新・映像の世紀」https://www.nhk.or.jp/special/eizo/ 〔C〕〔D〕
・カスパー・ダーヴィト・フリードリヒ作品集　https://www.caspardavidfriedrich.org/
　〔D〕
・パブリックドメインQ　https://publicdomainq.net/ 〔D〕
・Pixabay　https://pixabay.com/ja/ 〔D〕

◆授業づくりの参考文献

・荒木寿友編著『未来のための探究的道徳　「問い」にこだわり知を深める授業づくり』
　（明治図書出版、2019年）
・お茶の水女子大学附属小学校、NPO 法人お茶の水児童教育研究会（編著）『新教科「て
　つがく」の挑戦："考え議論する"道徳教育への提言』（東洋館出版社、2019年）
・多賀一郎編著『絵本を使った道徳授業の進め方』（黎明書房、2018年）
・ダン・ロススティン、ルース・サンタナ『たった一つを変えるだけ：クラスも教師も
　自立する「質問づくり」』（新評論、2015年）
・西野真由美・鈴木明雄・貝塚茂樹（編）『「考え、議論する道徳」の指導法と評価』（教
　育出版、2017年）
・p4c みやぎ出版企画委員会（著）野澤令照（編）『こどもたちの未来を拓く探究の対話
　「p4c」』（東京書籍、2017年）
・フィリップ・キャム『子どもと倫理学：考え、議論する道徳のために』（萌書房、2017
　年）
・宮城教育大学上廣倫理教育アカデミー（著）、野澤令照（編）『子どもの問いでつくる道
　徳科　実践事例集（子どもたちの未来を拓く「探究の対話（p4c）」シリーズ第 2 弾）』
　（東京書籍、2019年）
・ローラント・ヴォルフガング・ヘンケ（編集代表）、濱谷佳奈（監訳）『ドイツの道徳教
　科書――5、6 年実践哲学科の価値教育（世界の教科書シリーズ）』（明石書店、2019年）

学習指導要領で定められている22の内容項目（中学校道徳科）と授業プランの対照表

内容項目	授業プラン番号
A　主として自分自身に関すること	
自主、自律、自由と責任	12・31
節度、節制	15
向上心、個性の伸長	2
希望と勇気、克己と強い意志	16
真理の探究、創造	19・22
B　主として人との関わりに関すること	
思いやり、感謝	4
礼儀	10
友情、信頼	13・23
相互理解、寛容	18・25
C　主として集団や社会との関わりに関すること	
遵法精神、公徳心	3・8
公正、公平、社会正義	21・29
社会参画、公共の精神	1・9
勤労	7
家族愛、家庭生活の充実	5・30
よりよい学校生活、集団生活の充実	11・24
郷土の伝統と文化の尊重、郷土を愛する態度	28
我が国の伝統と文化の尊重、国を愛する態度	14
国際理解、国際貢献	6
D　主として生命や自然、崇高なものとの関わりに関すること	
生命の尊さ	20・26
自然愛護	32
感動、畏敬の念	17
よりよく生きる喜び	27

★本書の表紙のイラストは、上の表にある内容項目の４つの視点「A」「B」「C」「D」をモチーフにして作成しています。どのイラストがどの視点を表していると思いますか？

★生徒たちと一緒に表紙のイラストを見て、みんなで感想を伝え合い、そこで出てきた言葉や疑問（たとえば「本当の自分ってなんだろう？」「他人の気持を完全に理解することはできるのかな？」など）を出発点にクラスで対話することで、内容項目の理解をさらに深めることもできます。表紙のイラストも"楽しく"使ってみてください！

● 「中学道徳ラクイチ授業プラン」執筆者（◎は執筆代表、☆はシリーズ編集代表）

※所属は執筆当時です。

◎神戸和佳子　福島県立ふたば未来学園中学校・高等学校
◎土屋　陽介　開智国際大学教育学部　准教授
　江澤　隆輔　福井県坂井市立三国中学校
　荻野　陽太　東京女学館中学校・高等学校
　古賀　裕也　かえつ有明中・高等学校
☆関　　康平　開智日本橋学園中学・高等学校
　長谷部朋生　長野県赤穂高等学校
　廣畑　光希　開智中学・高等学校
　伏木　陽介　花園中学高等学校

＊本書の一部は、JSPS 科研費 JP18K12189の助成を受けて行った研究の成果物です。

＊本書の活動で使用しているワークシートの内容は、それぞれの著作権者に確認・許可をいただいた上で掲載しています。学校の授業以外の目的でのご使用については下記までお問い合わせください。rakuichi@gakuji.co.jp

●本書に掲載のワークシートは、すべてダウンロードしてお使いいただけます。
　Word データですので、アレンジが可能です。
「中学道徳ラクイチ授業プラン」ダウンロード URL
http://www.gakuji.co.jp/rakuichi/dotoku

●ラクイチシリーズ公式フェイスブックページ
「ラクイチ授業コミュニティ」　http://www.facebook.com/rakuichi

ラクに楽しく1時間　中学道徳ラクイチ授業プラン

2021年4月23日　初版第1刷

編　者　ラクイチ授業研究会
発行者　花岡萬之
発行所　学事出版株式会社
　　　　〒101-0021　東京都千代田区外神田2-2-3
　　　　電話　03-3255-5471（代表）　http://www.gakuji.co.jp

編集担当　戸田幸子　　　　編集協力　工藤陽子
イラスト　イクタケマコト　装　丁　精文堂印刷デザイン室／内炭篤詞
印刷・製本　精文堂印刷株式会社